清代的
案与刑

郑小悠 —— 著

山西出版传媒集团
山西人民出版社

图书在版编目（CIP）数据

清代的案与刑 / 郑小悠著. -- 太原：山西人民出版社，2019.7
 ISBN 978-7-203-10793-4

Ⅰ. ①清… Ⅱ. ①郑… Ⅲ. ①案件-研究-中国-清代 Ⅳ. ①D929.49

中国版本图书馆CIP数据核字(2019)第098939号

清代的案与刑

著　　者：	郑小悠
责任编辑：	贾　娟
复　　审：	傅晓红
终　　审：	阎卫斌
出 版 者：	山西出版传媒集团·山西人民出版社
地　　址：	太原市建设南路21号
邮　　编：	030012
发行营销：	010-62142290
	0351-4922220　4955996　4956039
	0351-4922127（传真）　4956038（邮购）
E-mail：	sxskcb@163.com（发行部）
	sxskcb@163.com（总编室）
网　　址：	www.sxskcb.com
经 销 者：	山西出版传媒集团·山西新华书店集团有限公司
承 印 者：	北京汇林印务有限公司
开　　本：	850mm×1168mm　1/32
印　　张：	8.5
字　　数：	160千字
版　　次：	2019年7月　第1版
印　　次：	2020年10月　第3次印刷
书　　号：	ISBN 978-7-203-10793-4
定　　价：	46.00元

如有印装质量问题请与本社联系调换

序言

这本书是我继《年羹尧之死》后出版的第二部历史普及读物。之所以选择这样的题材，盖因其与我的博士论文较为相关。我读博期间的主要研究对象是清代的法律制度与法律人；对史料的研读也侧重于刑部档案，判例集，法律工作者（如刑部堂司、地方官员，以及刑名幕友）的文集、笔记、奏议、判牍等文献。通过这些材料，我看到了许多反映当时社会生活、人际关系、法律制度、政局嬗变的大案要案。无论出于普通人猎奇的本能"恶趣味"，还是研究者深入挖掘个案的专业敏感度，我都不能不将这些案件爬梳记录下来。博士论文受篇幅和论证结构的限制，固然不能长篇大论地叙述案情，但留存的材料自有其额外的用处。事实上，完整、清晰地将一件历史上发生过的大案始末铺陈出来，显然比研究者带有个人局限性的说理论证文章，更能帮助绝大多数读者接近历史现场。因此，我把这些材料留给了今天这本普及读物，希望能向更多对历史有兴趣的朋友，分享我阅读这些案例时的触目惊心、嗟叹怅惘、思绪万千，甚至午夜梦回。

与现代司法中明确审级和终审机构的审判方式不同，清代除皇帝之外的任何一级政府机构，其对案件作出的判决，都具有不确定性。也就是说，案件的当事各方，可以无数次以前审官员的审断不公和自身的冤屈为理由，通过各种形式，向各级、各类衙门，乃至皇帝进行控诉，我们通常称之为迭控、上控、京控，以及拦舆、叩阍、告御状等等。在这样的制度背景下，当时凡是能被称作大案的，都意味着其事件本身或许仅仅是民间的纠纷冲突，是我们现在所说的刑事案件，但通过各级官府间的反复拉锯，最终演变成民与官、上级官与下级官、中央官与地方官，乃至皇帝与官僚群体之间的矛盾，成为政治问题。本书上编所选择的案例，无论时代如何、案情怎样，几乎都具有这样的特点。除了这一共同点外，书中所选的案例，又各自表现出清代社会治理中的某一个侧面，譬如刑讯、讳盗、冒赈、捏控，地方监督系统的失灵，晚清中央与地方的对立，等等。我在叙述完每个案例之后，即对相关问题的历史背景做稍加深入的解读，絮聒多言，望勿见怪。

在本书的下编，我尝试用尽量简明通俗的语言和较短的篇幅，为读者介绍清代法律制度和法律运作的几个侧面。这些不带有多少故事性和感情色彩的内容，一向被认为很难引起非专业读者共鸣，所以更常见于学术研究而非普及读物。不过，以我近年来对国内历史爱好者群体的观察，已经有相当数量的读者对故事之外的严肃历史问题产生兴趣，且审视的水准也达到了很高的程度。因此，我很放心地将这些较抽象的探讨置于那些大案要案之后，便于读者更好地通过制度读懂案件，通过案件认识时代。

本书中的多篇文章，此前已发表于《文史知识》《清史参考》《澎湃新闻·私家历史》等刊物、媒体，收录于本书时虽经增补修改，但仍应首先感谢前次刊发时，曾对拙文提出指教批评的几位编辑，即中华书局陈若一女士、国家清史办张建斌先生、澎湃新闻于淑娟女士。此外，中国第一历史档案馆吴焕良先生、国家图书馆薛文辉女士、北京大学历史学系博士生余璐，均为本文的史料搜集提供了极为重要的帮助；汉唐阳光出版公司尚红科先生再次不弃鄙陋，为本书的顺利出版提供可能，在此一并致谢。

郑小悠

2019 年 4 月 3 日于家中

目录

• 上编　旧案重审

"能吏"之祸：一桩民妇走失案背后的雍乾政风之变 / 3
新君的麻烦 / 3
亲家成仇家 / 6
"能吏"高人杰 / 10
杨氏"复活" / 14
督抚角力下的大结局 / 18
刑讯及其"世轻世重" / 23

讳盗诬良：制度漏洞酿成的惨剧 / 29
律例设计精细，却难免冤案发生 / 30
从制度上找漏洞：讳盗诬良是如何发生的 / 36

重臣与宠臣：一桩杀妻案引发的权力较量 / 40
涉案人员 / 40

案件始末 / *43*

处理结果 / *47*

余音 / *51*

冤狱起山阳：洪水过后的新进士之死 / *55*

自杀？还是被自杀？ / *56*

利欲熏心的府县与颟顸昏聩的大僚 / *59*

来自皇帝的焦虑 / *65*

冒赈与吃赈：赈灾官吏怎样发国难财 / *68*

黑幕笼罩泰山脚下：嘉庆年间的徐文诰京控案 / *72*

积案累累，京控纷纷 / *72*

事主耶？凶手耶？ / *75*

救官不救民 / *79*

外间风气非一人能变 / *85*

一场震惊御座的反转剧：嘉庆年间直隶迟孙氏京控案 / *90*

冤沉似海的惊天大案 / *91*

瞠目结舌的案情反转 / *93*

插曲：对一个"惧内庸夫"的道德审判 / *97*

图准不图审:反转剧里的京控弊端 / 98

人情难却:道光年间的一件刑部舞弊案 / 102

从上下其手到真相大白 / 103

刑案中的人情难却 / 108

刑部的纠错机制 / 110

闺门奇祸:道光年间的德清徐氏狱 / 113

秽事出清门 / 113

发痧?自缢?还是被杀? / 115

主审死了,主犯也死了 / 122

似是而非的大结局 / 129

"办七分不公道事" / 132

内轻外重,事已积成:
光绪年间的河南镇平王树文顶凶案 / 136

偷梁换柱,一错到底 / 137

内外角力,唇枪舌剑 / 139

积重难返,大势已去 / 146

• 下编　刑期无刑

清代刑部的审案流程 / 155

移送与派审 / 156

审讯与用刑 / 159

定稿与上奏 / 163

笔尖儿立扫千人命：清代的秋审与秋审处 / 168

地方秋审 / 169

秋审处的机构设置 / 171

秋审处的运作模式 / 173

秋审处的人事机制 / 175

清代刑部的提牢官 / 180

新官试金石 / 180

处分压力 / 182

经费压力 / 185

人事压力 / 188

恤囚福报 / 189

身负重任的小人物（一）：清代刑部的书吏 / *191*

清代部吏的生存状态 / *192*

刑部书吏特殊性成因分析 / *197*

刑部书吏的一些遗留问题 / *203*

余论 / *208*

身负重任的小人物（二）：清代刑部的仵作与禁卒 / *210*

刑部的仵作 / *210*

刑部的禁卒 / *219*

法司依律，天子衡情：清代的皇权与刑案 / *226*

政治大案中的皇权 / *229*

普通刑案中的皇权 / *235*

怎样认识清代刑案中的皇权 / *238*

附录 1 / *246*

附录 2 / *250*

参考文献 / *255*

・上编・
旧案重审

"能吏"之祸：一桩民妇走失案背后的雍乾政风之变

在清代，总督、巡抚同为封疆大吏。虽然总督身兼军、民大政，而巡抚侧重民事，显得地位稍有差距，但因为均有单独上奏之权，所以碰到督抚同驻一城且都性格强势的情况，就往往易闹意见，情形严重的，甚至互相参奏，将官司打到北京的皇帝跟前。譬如乾隆皇帝即位伊始，就碰见一桩棘手的事。

新君的麻烦

雍正十三年八月底，这位刚刚经历父丧的年轻嗣皇帝，正在哀痛号呼、擗踊不已之时，就收到武英殿大学士、署理湖广总督迈柱长篇大论的牢骚话。显然，此时的迈柱碍于地理阻隔，还没有得到先帝暴亡的消息，他的这篇奏折，仍然是写给对他一力提拔倚重的雍正皇帝的。奏折中，迈柱条分缕析，将他的同事、同驻武昌府的湖北巡抚吴应棻狠批一通。当然，迈柱的气急败坏亦有前由，因为当年五月，初到湖北上任的吴应棻就下笔无情，奏称湖北吏治怠玩、诸事废弛。一省之长新官上任，就对本省的情况下了这样的定论，皇帝不能不有所触动。稳妥起见，雍正帝将吴应棻的奏折下发给总督迈柱和前任巡抚杨馝，令他二人"明白回奏"。对于吴应棻的指责，在湖北署理了一年巡抚、当时已调往四川的杨馝不但没有掩饰开脱，反而一口咬定：吴应棻说得没错，湖北吏治确实糟糕透顶，怪象种种，不可枚举！

事情到了这一步，压力就全落在总督迈柱头上。迈柱从雍正五年起担任此职，总揽两湖大政八年之久，这在雍正年间十分少见。八年间，湖北巡抚之位七易其人，而迈柱岿然不动。显然，他是个难于共事的总督，亦在雍正帝那里圣眷优渥。众所周知，雍正是个极难伺候的皇帝，想要获得他的长期青睐并不容易。可见迈柱为官必有独到之处。

迈柱姓喜塔腊，满洲镶蓝旗人，《清史稿》中称赞他"领疆节，卓然有绩效"。迈柱在湖广总督任上，与云南、贵州、广西、四川等地督抚密切配合，将境内的永顺、保靖、桑植三土司顺利改为流官，并多次平定苗民叛乱。作为大西南地区改土归流活动中的关键一环，这是他能久镇两湖的首要原因。除此之外，迈柱还有一个身份，令他在雍正帝心中的分量与众不同——他是雍正后期第一重臣、大学士鄂尔泰的岳父。鄂尔泰元配早亡，续娶迈柱之女，二人伉俪情深。鄂尔泰一生并未纳妾，六子一女均为喜塔腊夫人所生。雍正中期，鄂尔泰以云南、贵州、广西三省总督的身份担任改土归流总指挥，迈柱在湖广遥为呼应，翁婿之间配合十分默契。雍正十年，鄂尔泰入朝拜相，成为首辅；雍正十三年，迈柱亦升任大学士，与贤婿并为"宰相"，只是仍奉命驻节湖广，接替鄂尔泰指挥改土归流。

相较于迈柱，吴应棻的背景就简单得多。他是浙江归安人，康熙五十四年进士，在翰林院、詹士府、都察院等衙门循资转升，以文学侍从之臣的身份得到雍正帝欣赏。雍正十三年就任湖北巡抚，是吴应棻人生中第一次任地方官经历，难为他初试锋芒，就将矛头对准了首辅的老泰山。

对着迈柱痛斥吴应棻"奏事不实"的奏折，年轻的乾隆皇帝很有些不知所措，慎重之下，只是客气又略动感情地和稀泥道："此卿陈奏皇考之折也，无及矣！朕展阅痛入五中。卿才具优长，老成练达，养蒙圣恩深重，简入纶扉，近因黔苗事宜需人料理，特命张广泗前往，仍留卿楚督之任。卿当仰尊圣训，实心为政，整理封疆，勿谓署理为暂时之计，稍涉因循也。从前既有吏治废弛之论，当与署抚臣和衷料理一切事务耳。"意思是：看到爱卿这封写给皇考的奏折，勾起了我思念先父的悲伤。爱卿是卓有才干的重臣，此前已经蒙先帝旨意，晋升为大学士，只是现在贵州的改土归流大事出现了反复，还需要你这样的熟手在湖广坐镇，以为呼应。所以卿顾念先帝的恩义，一定要在湖广任上安心理政，不要因为即将卸任，就因循怠慢。至于所谓的湖北吏治废弛之论，就不要放在心上，还是要和巡抚吴应棻和衷共济，一起做好工作。

可惜，迈柱和吴应棻对新君的好心都不领情，二人继续单独上奏互攻。但攻击的内容，却渐渐集中起来，聚焦在一件发生于湖北麻城、始自雍正八年正月、历时五年悬而未决的离奇刑案上。

亲家成仇家

雍正末年的麻城案是一桩名案。其出名的缘由，很大程度在于乾隆年间大文人袁枚的畅销书《小仓山房文集》中《书麻城狱》一文的渲染。袁枚一生虽然为官时间不长、任职不高，却是个官场通人，与乾隆年间的许多上层人物都有密切联系。譬如最终为麻城大案定谳的继任湖广总督史贻直，就是袁枚的会试座师兼儿女亲家。

史贻直其人记忆力极好，性格又很诙谐，很乐意向后辈炫耀仕宦阅历、官场掌故，而袁枚出身刑名师爷世家，自己又久任知县，对人情世故、办理刑狱，亦有相当的兴趣和经验。所以袁枚对此案的记述颇为详尽，也与史贻直定案的奏疏大致吻合。只是每到细节处，仍不改风流才子本色，喜欢求奇求异，增强戏剧性，往往要将无可质证的细节描摹得活灵活现、历历如绘。

不过，对此案记述更详尽系统的，则是案件的重要当事人、署理麻城知县汤应求所辑录的麻城案文书奏议集。汤应求是广西灵川人，雍正年间中举后，分发湖北试用；雍正八年十月，署理麻城知县。在麻城案中，汤应求因为实事求是、坚持原谳，而为酷吏高人杰等所陷害，不但被革职题参，还饱受刑讯之苦，"身被三木者数次"，一度定拟死罪，身陷囹圄五年之久。这在官员中是极罕见的情况。案件真相大白后，汤应求洗雪冤屈，官复原职，又将全案前后文书73件，汇集成书，名曰《自警录》。通读之下，可见麻城一案的全貌。

麻城案事起雍正八年初。当地一个叫涂如松的男子娶了杨氏为妻，夫妻感情不好，妻子离家出走。杨氏在嫁给涂如松之前，原在一个姓王的人家做童养媳，并与王家的亲戚冯大有私情。这次出走途中又遇到冯大，旧情复燃，就跟着冯大住到冯家去了。杨氏的哥哥杨五荣听说妹妹失踪，便认定是涂如松杀人藏尸，而涂如松亦认定是杨家将自己妻子拐带私逃。两家谁都没有凭据，但互不相让，就此到县衙门打起了官司。杨家在当地是大户，族中出了举人、秀才。事发后，秀才杨同范等人替本家出头，找了村里一个叫赵当儿的小孩子，许给他银钱酒食，让他到县衙门去做证人，说看到涂如松杀了杨氏。知县以赵当儿之词，对涂如松用刑。涂如松受刑不过，承认自己打死杨氏，扔在池塘中，然而将左近池塘的水都抽干了，也没有发现杨氏的尸体。实际上，从涂家出走后，杨氏先被冯大收留，眼见事情闹大了，冯家亦不敢将其留在家中，便将杨氏交给杨五荣，并送去八两银子，求他免于送官。杨五荣遂将杨氏藏在杨同范家中，盖因同范身有秀才功名，旁人不敢随意搜检。

涂如松无端背上人命，当然不能罢休，涂家人随即到省城的臬司衙门上控，请求申冤。臬司批文给麻城县，令其再审，而接案的麻城知县此时已经离任，新来署理知县的，就是《自警录》的作者汤应求。汤应求接手此案后，从赵当儿身上打开突破口，审出"打死"之说纯属子虚乌有，遂将涂如松释放，并以杨同范行贿包讼为由，报请学政，将其秀才身份暂时革去。

一晃到了雍正九年五月底，杨氏还没有找到，赵家河沙滩边却出现一具尸体，身上没了皮肉，只有白骨，因为埋葬较浅，被野狗拖了出来。杨同范闻之大喜，建议杨五荣认这具无名尸为其妹杨氏之尸，坐实涂如松杀妻，以便恢复自己的秀才身份。验尸之日，汤应求认为尸体乃是上游山洪暴发冲下来的无名尸，且难以认定为女尸，杨氏族人大闹验尸场，不依不饶。案子就这样闹得越来越大，惊动了省城的督抚。此时，汤应求临时署理的麻城县来了新任知县李作室，汤应求只有让位。而为了弄清尸体到底是否为杨氏，省里又特派素有"干练"之名的广济县知县高人杰，与李作室会同审案。

顺带提一下，本案中的秀才杨同范，在官方档案文献中，是麻城案的罪魁祸首；在文人袁枚的笔下，也是个十恶不赦的土豪劣衿。袁枚在文章中称他"虎而冠"，即身着衣冠而凶残似虎，所谓衣冠禽兽是也；又说他在案中这样上蹿下跳，将杨氏藏匿在自己家，是因为贪图她美色的缘故。然而在麻城乡间，杨同范算是个模范人物，《杨氏宗谱》为其专门立传开脱此事，并且开篇就称赞他"二十有五举茂才，闭户读书，辄欲芥苍青紫，其砥行立名之意，时形诸楮墨"。就是说他二十五岁考中秀才，在家安分读书，立志功名，其言其行，历历可查。因为袁枚的文章流传甚广、影响甚大，竟然引来了跨越时空的笔墨官司。咸丰年间的《杨氏宗谱》，光绪年间的《麻城县志》，都对袁枚大加挞伐，说杨氏因为受涂如松虐待，才离家出走；杨五荣怀疑妹妹被涂家害死，所以苦求族长杨同范，请求同范在杨家的状纸上具名；同范受到族人胁迫，才被牵入案中，真真"同犯"是也；而袁枚"大率捕风捉影，增凑以供文笔"，实在文人无行。

族人、官府与文人孰是孰非，今人非亲历亲见，已经难以辨析。不过显然，麻城大案发展到这一阶段，才刚刚开了一个头，后来之事迷雾重重，越发令人心惊而齿冷了。

"能吏"高人杰

雍正皇帝察察为明，是个眼里揉不下沙子的人，在执政风格上，与乃父康熙帝的宽厚松弛有鲜明对比。皇帝精明自任，官场中上到封疆大吏、下到州县有司，先意承志、上行下效，就自然更爱表现自己"能"的一面。真"能"固然好，有些为了逞能而"能"的，就变了味道。譬如被派去接替汤应求审案的高人杰，在湖北官场就素有"能吏"之称。高人杰是陕西兴平人，举人出身，任职广济知县后，治河颇有建树，是总督迈柱的重点培养对象。此次奉派审办大案，高人杰雷厉风行，带着黄冈县的仵作薛必奇，一到麻城，就独自前往验尸，根本不将正牌的麻城知县李作室放在眼里。

根据汤应求事后的回忆，高人杰会同新任麻城知县李作室的这一轮审讯持续了九个多月，审得的结论是涂如松误杀妻子杨氏后，被赵当儿揭发，通过本县秀才、讼师蔡灿上下打点，多方狡辩，又三次转移尸体，所以被无罪释放。赵家河沙滩的尸体，本是杨氏之尸，蔡灿、涂如松等畏惧案情暴露，贿赂麻城县吏役李宪宗、陈文等人，将尸身换上男人的衣服、发辫和脚掌骨，冒充男尸。关于高人杰的问案经过和手段，袁枚在《书麻城狱》中写道：

> 高掠如松等两踝骨见，犹无辞，乃烙铁索使踞，肉烟起，焦灼有声，虽应求不免。不胜其毒，皆诬服，李荣死杖下。

按照袁枚的描述，高人杰为逼涂如松供认杀妻之罪，大用夹棍、跪链等酷刑，以致涂如松"两踝骨见""肉烟起，焦灼有声"。这是带有文学性的描述，自然不能见于公文之上。而据汤应求后来写给本省抚、臬的报告中称，高人杰仅是对待"从犯"李宪宗、陈文等人，就"两日之内，叠夹数次，棍敲五百余下，又加重责"，是以袁枚所述，即或不中，亦不甚远。

涂如松等人受刑不过，屈打成招，只求速死。但河滩上发现的尸体本系男尸，硬要证成女尸，必要费一番功夫。无奈之下，涂如松的母亲许氏剪下自己的头发；陈文的母亲袁氏挖开陈文过世兄长的棺材取下脚掌骨；李宪宗的妻子染成血衣，埋在赵家滩旁边；高人杰派人装模作样将这些东西挖将出来，充作改尸造假的证物。随后将涂如松等各拟罪名，按照办案程序，上解黄州府覆审。

案子审得破绽百出，一干犯人遍体鳞伤，所以一经押解到府，就被富有理刑经验的署理知府蒋嘉年看出问题。而随着蒋嘉年的耐心询问，屈打成招的众人又见生机，遂纷纷改供。为此，蒋嘉年连续发下四道"驳牌"给麻城县，申明案中的种种疑点，命令高人杰将案件涉及的所有证人全数押解府城，再行审讯。

按照吏部制定的《处分则例》，地方官审理人命大案，历来设有期限，不能无限拖延。如果审理逾限，又没有特殊缘故，审官就要承担一定的处分。高人杰接手此案后，造伪证，用重刑，牵连进来几十个毫不相干之人，及至人犯押往府城时，所用的时间已经临近限期，如果蒋知府不肯接受他的结论，而驳令重新审理，那么无论案件最终如何定论，自己的"逾限"处分，都是逃不脱的。因此，为了尽快将此事定成铁案，高人杰又生一计，检举前任知县汤应求指使县衙书吏装点尸体、替换文书,以此文过饰非,证明杨氏确系逃亡而非被害。

如此一来,本就是一摊浑水,被搅得愈加泥泞不堪。打官司的主体从涂、杨两家变成高、汤两知县,民与民争升级为官与官斗。案件升级之后,胜算起初是在汤应求一边。汤应求连写数篇呈文,递交给黄州府、臬司和本省巡抚,细细辩白自己的冤枉,为表明心迹,甚至写作一篇《明神词》,在麻城县的城隍庙中向神明祈祷。

随后,蒋嘉年再经验尸,亦认定沙滩上的尸骨确系男尸,且并无伤痕,汤应求审断无误,高人杰检验不实,请示上司,先将高人杰、李作室以审理逾限题参。

然而以"能"著称的高人杰绝不肯就此干休。他再次变换说法,报呈督抚臬司,声称蒋嘉年覆验之尸,已非河滩原尸,而是被汤应求等掉包过的,"其讼棍蔡灿既属超群,而又有积蠹李宪宗等为之用命,复有汤令为之作胆,不难以羊易牛、指鹿为马"。既然承审官员众口不一,枝节百出,上司难以辨其曲直,只得再次增派人手,遂于雍正十一年初,命黄冈县知县畅于熊、蕲水县知县汪歙主持审办。

黄冈、蕲水二知县接手本案后,尸身是男是女仍然未能定论,却核查出汤应求在初验河滩无名尸时,将原报呈词内所写的"手上有皮肉、尸系仰面"等语删去,改写"身穿衫袄、腰裹夹被"字样作为原报,认为汤应求种种行藏，殊有可疑，建议督抚将他题参革职，除去官员身份，作为审讯对象。而高人杰也借此机会对汤应求大肆攻击，称他修改文书，是为了掩盖问题、营私舞弊。至此，省城督抚的态度渐渐向高人杰偏移。总督迈柱、巡抚德龄列衔参奏汤应求玩视人命、删改报呈，要求将他革职严审，并又加派黄陂县知县黄燠中会同广济、麻城、黄冈、蕲水四县知县再次验尸审案。

杨氏"复活"

黄燠中亦是湖北的"能吏"，性情、行事与高人杰是一路。此次派审，黄燠中必欲维护高人杰的前审，迎合督抚对汤应求的参奏。经过近一年半的反复审讯，黄燠中"睢盱暴虐，恶焰毒熏，其熬审连宵，视人杰之炮体烙肤，同一酷烈"，即用日夜熬审之法，连续几天不让犯、证等人睡觉，以迫其招供。甚至对曾有官员身份的汤应求也连用夹棍，使其求生不得、求死不能。黄燠中以重刑取供后，再经武昌知府马灵阿、署理臬司朱潘两层审转，最终将生员蔡灿以盗换折割弃尸，拟比照光棍[1]斩决；书吏李宪宗以知情为从，拟绞；知县汤应求

---

[1] 清人李鉴堂编《俗语考原·光棍》释曰："俗谓无赖匪徒以敲诈为事者为光棍。"《大清律例》卷二十五有《棍徒生事扰害例》，

以知情藏匿,照本犯原罪拟绞;涂如松以夫殴妻死,拟绞,并不准其孤子留养。除了这些正犯、从犯外,在刑审过程中,还有八名人证立毙杖下,二十一位无辜亲属邻里因为往来拖累以致贫病而死,有主坟墓六座被挖、无关尸骨三次被蒸煮,为此倾家荡产、失业失地的更达百人之多,把整个麻城县折腾成人间炼狱,惨不忍睹。

到雍正十二年十二月,经湖广总督迈柱认可,该案上奏雍正皇帝,并转三法司核拟施行。到雍正十三年八月初八,即雍正皇帝去世前十五天,刑部发下处决部文到达湖北省城,命将蔡灿处斩,李宪宗、汤应求、涂如松绞监候,秋后处决。然而就在部文下达的前几天,案子却突然峰回路转,出现了实质性变化:失踪五年多的杨氏,突然现身了!

发现杨氏下落的是麻城新任知县陈鼎。陈鼎曾为汤应求《自警录》作序。他在序中说:"我于雍正十二年四月到麻城任知县,因为当年麻城闹旱灾,我就和本县的同僚们一起步行到县内的五脑山祈雨,却未见效验。我十分心焦,便问同僚:'咱们求雨已经这样虔诚了,为什

例载:"凡恶棍设法索诈官民,或张贴揭帖,或捏告各衙门,或勒写借约,吓诈取财;或因斗殴纠众系颈,谎言欠债,逼写文券;或因诈财不遂竟行殴毙,此等情罪重大实在光棍事发者,不分曾否得财,为首者,斩立决;为从者,俱绞监候。"

么老天还不降下甘霖呢?'在座的杨县丞接话道:'不是咱们求雨的心不诚,而是麻城有冤狱,老天爷这是在警告咱们啊!'我知道杨县丞是诚实可信的人,忙问缘故,他遂将涂如松一案如何冤沉似海、惨无人道之事对我说明。我回衙后,将此案卷宗一一细看,感到其中确实是疑窦丛生,只是一时没有头绪,便让亲信朋友到麻城周边府县打听杨氏下落,甚至北上河南、东及安徽,无不仔细探访。果然,没过多久,我就从麻城白果镇的一个稳婆口中打听到了杨氏的藏身之处。"

事实上,杨氏的现身是个突发偶然事件。袁枚在《书麻城狱》中记道:

> 同范邻妪早起,见李荣血模糊奔同范家,方惊疑,同范婢突至曰:"娘子未至期遽产,非妪莫助举儿者。"妪奋臂往,儿颈拗,胞不得下,须多人掐腰乃下。妻窘呼:"三姑救我!"杨氏闯然从壁间出,见妪大悔,欲避而面已露。乃跪妪前,戒勿泄。同范自外入,手十金纳妪袖,手摇不止。妪出,语其子曰:"天乎!犹有鬼神,吾不可以不雪此冤矣!"即属其子持金诉县。

袁枚的记述充满了文学色彩,仿若身临其境。相对而言,陈鼎的描述则更简单确凿一些。原来,一直住在杨同范家的杨氏到涂如松被省里定罪、认为风头将过以后,便回到娘家,藏在杨五荣家的仓库里。雍正十三年六月,杨五荣妻子生产,稳婆仓促间到其内室,正在帮助嫂子生产的杨氏急忙向床后躲避,但仍被稳婆看见。陈鼎得信后,马上带领家丁差役,连夜从县衙出发,黎明时分突然闯入杨五荣家中,在卧房后面的套仓内将杨氏搜出,带回县衙。随后,陈鼎将涂如松之母,及涂、杨两家亲属近邻一并召集到县,指认这位新捉来的女子是否为杨氏真身;又设计了一个障眼法,将涂如松本人,以及许多不相干的同龄男性犯人都带到堂上,令杨氏辨认哪个是其丈夫。叙述到这里,陈鼎也不免在公文中写出了极富情感的文字。他说:"认至其夫涂如松,而杨氏即低头不语,面有愧色。涂如松积怨深怒,毛发皆竖,真情毕露,满堂盗贼泣下有声,其为杨氏正身实属毫无疑义。"

处决的部文业经下达,而"已死"五年的杨氏突然现身,这样一件尴尬透顶的事摆在湖北督抚面前,真叫人难于措手。当时的湖北巡抚吴应棻是新官上任,对此事毫无责任,且早在雍正十三年五月就上奏称湖北吏治怠玩、诸事废弛,虽然没有直接点名麻城案,但内中似乎也带有先见之明的意味,一旦皇帝有所追究,可以毫无窒碍地站住立场。与之相反的是湖广总督迈柱。麻城案发生的五年中，湖北巡抚换了五任，人人都有推卸责任的余地，唯独迈柱在湖广执政长达八年，虽然身居高位，谈不上对案件负有直接责任，但他对高人杰的赏识和支持人尽皆知，失察和用人不当的指责是无法规避的。迈柱素来以能臣自诩，又正在和吴应棻闹意气，境内出了这样牵连数百人、是非颠倒的大案，对他的威望有很大损害。

督抚角力下的大结局

不过，案子进展到这个地步，事情却又起了变化。盖因杨五荣不知听了谁的指点，在按察司过堂时一口咬定，说现在被揪出来的杨氏，是个不知哪里来的流娼，被人利用，头天晚上假意到自家借宿，当天夜里陈知县就带人将她抢将出去，说是自己窝藏的妹妹杨氏。

这样的横生枝节，给迈柱提供再度翻转案情的机会。他马上以杨氏真假未确为由，趁吴应棻入闱监考的空隙，剥夺了陈鼎等人继续审理此案的资格，改派布政、按察二司带同武昌知府等人提审杨氏，欲证其为外来流妇，受人指使，假作杨氏。然而此时杨氏的心理已经完全崩溃，在审讯过程中，当堂将五年来藏匿诬告的始末情由一一供明，其夫家母家的许多亲邻也再度予以指认。迈柱听到审讯结果后怒不可遏。司道等见此情形，都吓得战战兢兢，不知所措。

至此，吴应棻本想拟写题本，公开严参已经调任天门县的高人杰，但他估计迈柱碍于面子，决不会与自己"会题"，而自己也不便越过总督单独参奏官员。于是他先拟一密折，将此案的情形以及高人杰的恶行向即位不到三个月的新君密报，以期获得皇帝的支持。很快，新君认可了吴应棻的判断，命他写具"题本"，正式参劾高人杰。

有了"尚方宝剑"，吴应棻的底气变得很足。他马上拟写了一篇措辞极严厉的题本，指参高人杰"残虐成性，罔恤民命，专恃酷烈之威，冀邀强干之目"。吴应棻先将拟好的稿子送到总督衙门，请迈柱一起列名。果不出所料，迈柱负气不允。随后吴应棻又叫来省城的布政司、按察司两位大员，说："皇上叫我参劾高人杰，你们都参与了杨氏的审理，了解高人杰的恶行。你们是不是也要走个程序，写一份文件，请我代表本省参劾他呀？"布、按二司两头不敢得罪，只好一起去见迈柱，把吴应棻的交代学说了一遍。迈柱勃然大怒，马上也写好密折，向皇帝抱怨说："此案前后涉及其中的官员甚多，吴应棻所参'高人杰刚愎自用，惟所欲为'之语不知从何而来；

另外吴应棻这样独断专行，会引起湖北官场的不安，难以免于'公论'，臣要事先和皇上您辩白清楚，以免巡抚再有后话。"然而迈柱的强硬态度，并没有打消吴应棻彻查此案的决心。参奏高人杰的题本上呈不久，他再度将迈柱抛在一边，单衔参劾黄奭中"簠簋不修，暴虐成性"，题请革职。两道奏章很快得到了皇帝批准。

固然，对于麻城案，新君的态度已经较为明确，但仅仅如此，并不能让吴应棻完全放心。在他看来，迈柱无论官位、权势都远在自己之上，且在湖广经营日久，地方官对他抱以畏惧乃至支持态度的大有人在，如果督抚之争愈演愈烈，而总督一派的官员联合掣肘，不但案件很可能再陷僵局，自己与平反派官员的安全也将难以保障。更重要的是，迈柱的女婿鄂尔泰虽然颇有持正的口碑，但此时以先帝首辅出任年轻新君服丧期间的总理事务大臣，声望权威几乎到了倾动朝野的程度，他能否在关系自己岳父的大案上出言公正，而不使皇帝左右摇摆、朝议前后参差，吴应棻也感到难以把握。因此，他在案件即将水落石出时上奏，先直斥迈柱的枉法，称："督臣之委审会题茫无察觉，谅不能逃圣明洞见，是以怙过饰非，欲避故勘之处分，欲置民命而罔恤，何以服人心而饬吏治也？"再申述自己的艰难，说："督臣在楚九年，巡抚七易其人，无人能相容者，臣一介孤踪，何敢与之抗衡。但念受恩深重，际此尧舜在御，实无所庸瞻顾……所虑司府而下各官，见总督既不画题，势必承奉意指，首鼠两端，纵欲秉公，终多牵制。"最后建议："伏恳圣恩，俯念案情重大，特简大臣来楚审理，庶重狱得以平反而沉冤得以昭雪。"

新君接到吴应棻的奏折，也颇感为难。显然，杨氏现身，麻城案的真相已经浮出水面，将迈柱调离，令吴应棻全权审理此案而免于掣肘，是最高效简便的处理办法。但以吴、迈二人现在的剑拔弩张，吴应棻一旦查实案情，迈柱的处境就变得十分难堪，向下包庇酷吏、向上欺妄君主的罪名恐怕难以逃脱。这样一来，新君登基伊始，就要面临如何处分先帝重臣的难题。更有甚者，会因此而影响托孤重臣鄂尔泰的威望，在四位议政王大臣原本微妙的关系中，加入更加复杂的因素。如果不将迈柱调离，则如吴应棻所说，麻城的案子必将继续拖延下去，与新君恤民命，施仁义，对乃父"尚严"政风进行拨乱反正的本意大相背离。经过再三考量，或是近臣指点，新君决定采取折中方案：对事，尽快平反，昭雪沉冤；对人，则尽量避免将矛头指向迈柱、影响高层人事关系。基于这样的考虑，他下旨将迈柱、吴应棻二人一齐内调。其中迈柱仍旧当朝一品、实授武英殿大学士，吴应棻则改任兵部侍郎。至于麻城案，亦不再委派钦差，而是由新任总督史贻直继续审理。

史贻直是雍正皇帝特别赏识的重要大臣。他虽然是进士及第、翰林出身，但颇有吏干之才，雍正年间曾经六任钦差，到全国各地充当"救火队长"、处理疑难大案。由他接审麻城案，从案件本身的角度可谓恰当。另一方面，史贻直与鄂尔泰是乡试的同榜同年，且有通家世好，由他为麻城案定谳，对保全迈柱、鄂尔泰的体面，也是最为有利的。

果然，史贻直到任后，很快委派官员，再审麻城一案，于乾隆元年三月审得确实情形。六月，按律将杨同范拟斩立决，杨五荣拟绞监候，高人杰拟杖一百、流三千里，薛必奇、冯大、杨氏等各拟罪名上奏定罪，迈柱、黄奭中、李作室等大小官员也因为承审定案"失入"，开列职名，等候处分，但声明"事在赦前，均应邀免"。就是说麻城一案及其审理过程，均发生在新君登基、大赦天下以前，根据大赦诏书的条款，涉案人员的罪责可以相应减免。史贻直的结案报告上奏后，经三法司核定，将杨同范斩立决、杨五荣绞监候，以上二人罪大恶极，不能因为赦典而从轻处理。杨氏给与本夫涂如松收领，听其去留。高人杰虽然罗织人命、锻炼成狱，按律应该杖一百、流三千里，但事犯在雍正十三年九月初三日恩赦以前，可以援赦诏赦免。而包括迈柱在内的湖北上下承审官员，虽有大小不等的责任，但事在赦前，可以免于处分。

显然，对于这样一件残伤多命、贻害地方的大冤案，仅以赦典为辞，所有涉案官员，无不高高举起、轻轻放下，实在失于轻纵。不过即便如此，在湖广"领疆节"八年的迈柱也遭受了很大心理压力，入朝任大学士仅一年多，就以久病奏请卸任，于乾隆三年五月病逝。而因麻城案蒙受奇冤、受三木极刑的汤应求，则经吏部考核，认定"审无受贿，准其开复"，仍留湖北省内，担任利川知县，终其仕宦，不过以安徽凤阳府丞告终。

刑讯及其"世轻世重"

说到麻城案的酷烈，就不得不提到清代司法中的刑讯问题，以及所谓刑狱的"世轻世重"。清代官员审案，上至刑部，下到州县，在问讯过程中，理想的方式是运用"听辨五辞"，用雍正皇帝引怡贤亲王的话说，叫作："求之于辞气耳目，以察其情，设诚以待之，据理以鞫之，未有不得其实者。"那些洞悉人情的"名吏"在传记中也往往被赋予这样的形象。如孙家鼐记载晚清法律大家薛允升审案，说他经常通宵达旦地问案，荧荧孤灯之下，书吏衙役们都困倦睡去，唯有他一人平心静气地与囚犯对坐谈心，毫无疾言厉色。以至于囚犯忘记了他是审讯的官员，他也不以囚犯为卑下的罪人。所以凡是他审理的案件，无不情通理顺，犯人就算最后被处以死刑，也感念他的恩德。但是，受刑侦技术的局限，清代刑官问案，还是以口供为重，是以刑讯一事，在审讯中几乎不能避免。精干高明如沈家本，也曾对犯人"分班拷讯"，且并不讳言。

官员刑讯犯人一般以掌嘴、杖刑为主，对拒不招认的重犯用夹棍、拶指；审讯三品以上大员，如需动刑，则要事先请旨。以上算是制度范围内的用刑，除此之外尚有"非刑"，即被官方禁止，但禁而不能绝的酷刑。如张集馨在《道咸宦海见闻录》中讲到道光年间四川按察司的酷刑，他说他的前任刘燕庭为人残酷，凡有盗匪押解到省城，不问真伪，先打四百小板[1]，然后审讯。审讯过程中，往往还没有获得口供、定下罪名，就将犯人当堂杖毙。后来因为大堂左右夜里常有鬼啸声，差役们

---

[1] 清代官衙刑讯犯人时，根据其所犯罪行轻重，使用规格不同的刑具。如康熙年间知县黄六鸿《福惠全书》中载："夫竹板有三号，最大有毛头，谓之龙须板，偶一设之，所为威吓土豪衙蠹，非轻用之物。其三号者，头号打强盗、恶棍、衙役犯赃私作弊者；二号乃常刑；三号则比较钱粮乡愚小讼之类耳。"此处所谓小板，大致可对应书中所说的三号板。当然，清代各时期、各地区刑具之制并不统一，难以确言。

不敢在大堂问案，就把犯人押到东门大街城隍庙，在城隍的神像前用"揲筊"法占卜，如果阳面朝上就免死，阴面朝上就立毙。官员高踞庙内声色俱厉，犯人跪在庙阶下咒骂不止，一时棍如雨下，血肉横飞，脑裂骨折者不知凡几。这样的例子可能偏于极端，但"非刑"的滥用却不是罕见的现象，无论史籍还是文学作品中，都层出不穷。麻城案中，涂如松饱受重刑，以致其母求其速死、帮助伪造证据的地步，足见高人杰之残酷。

此外，清代刑狱还有"世轻世重"的特点。在清人的观念里，执法的宽严不应一以贯之，而应以"世轻世重"的方式来适应时势的变化，达到"刑期无刑"的境界。基于清代的政治体制，"世轻世重"的尺度把握，往往与皇帝的个人执政风格密切相关，所谓春温济以秋肃，仁育而后义正。在清代中前期，康熙、雍正、乾隆三帝的执政风格都非常鲜明地体现在刑名领域的"世轻世重"上。

康熙帝尚宽仁，亲政后一改四辅臣之严厉，屡屡举行大赦、停止秋审；即便举行秋审，所拟情真[1]人数也很少，勾决比例也很低。他每行勾决，多采取"于无可

---

[1] 清代秋审时，将待审犯人分为情真、缓决、可矜三等，凡列入情真者，即属情节确凿，提交皇帝批准勾决，执行死刑。雍正三年以后，为避皇帝"胤禛"名讳，将"情真"改为"情实"。

生中求其一线可生之路"的态度。皇帝尚宽，法司风旨，刑罚也越来越宽。到康熙末年，颇有法网松弛之弊，皇帝本人虽能感受到，却不肯做出改变。

雍正帝即位之后，刑政尚严，多有针对乃父矫枉的做法。他曾正告诸臣说："夫狱多缧囚原非德政。然必使天下化行俗美、比户可封。普天率土皆安分守法，无盗窃奸宄之徒；型仁讲让，无斗狠轻生之辈。而后时雍风动，实致刑措之风，方谓至治。若未能如是，但将应行治罪之犯概行宽释，以博图圄空虚之誉，吾谁欺？欺天乎？朕实耻而不为也。况纵法实足长奸，第恐宽宥之后而犯者愈众，此更朕所不忍者也。"意思是说："监狱里关满了囚犯，当然不是德政的表现。但天下太平，政清俗美的境界是什么呢？是普天之下的人民都安分守法、亲爱礼让，没有强盗偷窃、好勇斗狠之类的奸徒。如果社会治安没有发展到这个程度，而将监狱里的犯人都从宽释放，以图轻刑仁政的虚名，就是沽名钓誉、自欺欺人，朕是不耻于这样做的。况且降低犯罪成本，就足以滋生更多的犯罪，过度的宽赦轻刑，反而会使触犯法律的人越来越多，朕更是不忍于这样做的。"这番议论与法家强调的"火烈民畏、水懦民顽"观点高度一致。雍正帝执政期间，在刑名领域对康熙中后期朝野内外务虚好名、法纪懈怠的政风形成强力扭转。

皇帝尚严，法司官员先意承志、回避处分，上行下效未免更严。乾隆帝即位之初，身为帝师的大学士朱轼就力陈雍正年间刑官之弊，称当时风气"以严刻为才能，不问是非，不计曲直，赃私先酌数目，迫以极刑；罪案自定供招，诱之伏法。故生枝节，刻意株连，以为不如是必致上司驳诘。凡属员所定之稿，上司酌改，有加重，无从轻。以为若一改轻，便是徇私。有意避嫌，不顾执法之义。"麻城大案在此时发生，自有其政策土壤。

雍正帝去世后，年轻的乾隆帝从小接受儒家仁政观念的教导，又夙以祖父康熙帝为榜样，因此，即位伊始就接受老师与辅政重臣们的建议，矫其父过严之枉。其实，办理刑狱，向来有由宽改严难、由严改宽易的规律。新君"尚宽"的心意稍一流露，法司大臣无人不愿做顺水人情。乾隆初年，在雍正朝一定会被勾决的强奸逼死人命之犯，也被九卿改为缓决，"是明示以不死，再阅数年，恐更入于可矜之列。"至于贪污、挪用、害民的地方官更是通通列入缓决册内，得以蒙混不死。麻城案结案时，一干酷吏倚仗赦典，最重止于革职，而无一人获刑，一再对查明真相设置障碍的高级官员如迈柱等，则毫发无损，甚至连降级、调用等行政处分都谈不上，也与乾隆初年这一大背景有密切关系。

不过，随着类似问题在乾隆帝执政之初的十几年中一再出现，逐渐摆脱鄂尔泰、张廷玉等辅政大臣影响的乾隆皇帝，对幼年以来所受儒家正统教育中"人性善"的观点产生了强烈怀疑，并将官僚之间包庇回护、法司办案"宁轻毋重"的态度，看作对自己的轻忽蔑视。乾隆十年以后，他开始屡屡发出"试思雍正年间若有此等严旨交部之案，该部敢如此办理乎"之类的责问。到乾隆十三年，因金川用兵失利而怒杀大学士讷亲、将军张广泗，及因孝贤皇后丧期剃头而赐死多位大臣后，乾隆帝的执政风格彻底由宽转严，即便与乃父雍正帝相比，也有变本加厉之势了。

讳盗诬良：制度漏洞酿成的惨剧

在清人眼中，本朝的法律制度较前代更为优越。如张之洞就曾标榜："我朝深仁厚泽固属美不胜书，然大要则有两事，一曰赋敛轻，一曰刑狱平。"陈其元《庸闲斋笔记》中亦称："近人诗文、制器均不如古，惟有三事远胜古人：一律例之细也，一弈艺之工也，一窑器之精也。余于博弈不肯用心，窑物不甚措意，独律例则数年州县颇能极思研虑，而叹其准情酌理，凑乎精微，平衡至当，真非古人所能尽也。"不过，在整体的制度设计愈加完备的同时，清代的地方司法系统，一直存在着一个影响恶劣、人尽皆知但无法解决的现象：讳盗。即境内如出现强盗案，特别是多名强盗入室抢劫财物，甚至杀、伤事主的案件，地方官吏往往不愿意据实立案、将盗情上报。在这种情况下，他们通常采取两种做法避免立案。第一是建议、诱导，甚至压服事主，使其收回报案请求。第二是讳盗为窃，即如果事主丢失的财物不多，且没有人员伤亡，就在案卷上将明火执仗的入室抢劫改为偷偷摸摸的入室盗窃，以重作轻。如果以上两种做法遭到事主拒绝，或者被上司发现，有少数丧尽天良的官吏就会采取"讳盗诬良"这样一种最极端的方式掩盖案情，就是将财物被盗、事主伤亡的罪名蓄意栽赃给本非强盗的良民，特别是事主的家庭成员，造成被诬者久陷囹圄甚至家破人亡的严重后果。

律例设计精细，却难免冤案发生

道光年间的名宦张集馨在担任四川按察使时曾经遇到这样一件案子。遂宁知县徐钧报告，本县一蒋姓青年男子，被十八岁的妻子胡氏与十七岁的妹妹合谋捏伤睾丸致死，并假报盗案。知县在上报的文书中称，蒋某患有瘄病，其妻欲害死丈夫后改嫁，其妹欲害死亲兄后独吞家产，所以合谋杀人。妻子谋杀丈夫、妹妹谋杀哥哥，按照清律都是凌迟重罪。对于遂宁知县这样骇人听闻的说法，张集馨感到难以相信。等胡氏姑嫂二人提解到省后，张集馨亲自审讯，见其二人都是纤弱女子，毫无泼悍之气。问其为何杀夫杀兄？二女对曰："受刑后，书吏叫如此招供。"又严审验尸的仵作，仵作承认：死者睾丸本来无伤，遂宁县的张师爷怕验尸单中填写死者遍体无伤会导致上司驳查，遂叫仵作捏报睾丸重伤致死。再提蒋某的乡邻亲友仔细查问，事情真相终于浮出水面。

此案死者蒋某夙患痨病，病势十分沉重，从床榻走到卧室门的距离也要蹲地休息。案发当夜，蒋某与妻子胡氏赤身在床上沉睡，下垫篾席，身盖絮被。胡氏睡梦中忽听其夫大喊一声，滚下地去。胡氏欲披衣而起，却找不到自己的衣服。她看到屋内墙根处被挖出一个大洞，透进光来。胡氏一边惊呼有强盗，一边赶到小姑房中借衣服和照明之具。胡氏的呼喊之声，厢屋居住的王氏母子、后院居住的蒋家叔婶都曾听见。叔婶随后持灯前来，照见胡氏屋内墙根有洞，屋内絮被衣物尽失，本来身患重病的蒋某受到惊吓，已经躺在地上气绝身亡。大门外杳无人影，洞口泥堆有足迹。正在此时，又隐隐听见邻村有逐盗的叫喊声。

次日，该乡保长等人到县衙门将蒋家盗情禀报。知县徐钧执意讳盗，命捕役诬陷胡氏姑嫂谋夫杀兄，用以掩盖盗情。徐钧到蒋家验尸时，见蒋某因为病、吓而死，尸身无伤，恐怕不好交代，即指其背上旧抓伤为致命伤，以屋内弯针一根指为凶器。他将胡氏姑嫂各掌责数十，又用木扁担各压杠一次。二人受刑不过，遂听差役教供，自认谋杀。

案情既被张集馨看破，胡氏姑嫂得以无罪释放。而讳盗诬良、险些冤杀姑嫂二命的知县徐钧，则因为当道高官的百般说情而免于法办，不过以多病为借口，自乞卸任而已。事实上，对于这类因地方官讳盗而横遭诬陷的受害者来说，能在本省内正常的审转程序中就得以申冤洗雪，胡氏姑嫂还是比较幸运的。与她们相比，许多被诬之人的结局更要惨烈得多。

乾隆元年十一月，刚上任不久的刑部尚书孙嘉淦接受了一项艰巨任务。皇帝命他到河南郑州审理一桩轮奸大案。这件案子自上年七月案发，一年多的时间内，已经县、府、司、省多轮审理，巡抚拟定之后，当事人亲属不服，进京控诉，皇帝委派刑部侍郎吴应棻、内阁学士伊尔敦为钦差大臣前往覆审。吴、伊二人接手后，与巡抚富德意见相左，两方争执不下，上奏互参。年轻的乾隆皇帝也拿不定主意，先命临近的河道总督白钟山前往主持，又恐抚、部大臣争执，没有司法经验的白钟山难以服众，只得又让在朝颇有威信的刑部尚书孙嘉淦亲赴河南，会同白钟山审此大案。

孙嘉淦看过全案的卷宗之后，就意识到前期的审理工作问题极为严重。一件轮奸案，连轮奸者到底有几个人都没有确数：受害人常氏初供六人，后改七人，再改九人，最后又是六人。再审被告，则其"屡经枷讯之人，畏刑甚于畏死，平心究问则极口呼冤，一加斥呵则涕泣招供。忽认忽翻，总难凭信"。至于河南巡抚富德和前次钦差吴应棻等人的审理结果，相差亦极大。而在河南省内各级审得的口供，前后也大相径庭。

富德给出的审理结论尤为离奇。在他的结案报告中，受害人常氏的夫家族叔、住在东院的郭宗炎行为不检，为了谋取钱财，经常放任自己的妻子刘氏与同乡弓勋、王桐等人通奸。住在西院的常氏曾对其进行嘲讽，常氏之夫郭元曾亦曾予以劝谏。为此，郭宗炎夫妇恼羞成怒，遂纠合弓勋、刘高、王栋、王良等人于雍正十三年七月初二日夜在西院将常氏轮奸。随后王桐等人又将常氏抱到东院刘氏床上，王桐、毛三、王成、毛玉佩、魏尚智、黄七、刘迪等人不但将常氏轮奸，同时亦将刘氏轮奸。而钦差吴应棻等人认为，抱至东院后的情节是不存在的，所以一直不肯承认富德的审理结果，双方争执不下。

孙嘉淦在当时素称精干，经过一系列调查之后，他发现案件的本来面目全不是富、吴等人所审的那样，不但富德所言东院之事纯属子虚乌有，即便吴应棻等人给出的结果也是疑点重重。首先，郭宗炎家不但谈不上贫困，且是乡绅宦裔。郭宗炎的祖父曾经担任过知县，父兄都是进学的秀才，虽然在外教书，但一年半载也要回乡一次；刘氏之父亦是监生，其余姻亲家属亦多绅宦。如果郭宗炎有肆无忌惮纵妻卖奸之事，父兄亲属岂能毫无察觉约束？此外，被供与刘氏通奸的王桐等人，都是佣工佃户，本身就是贫民，哪有绅官家庭的妇女因为贪图钱财而向贫寒乡民卖奸的道理呢？如果刘氏不曾卖奸，常氏又何来嘲笑？两家如无大仇，郭宗炎又怎么能干出纠集多人轮奸侄媳妇的事来？孙嘉淦等人带着这些疑问翻阅全部案卷，了解到该案在州衙门初审时，各方都没有郭宗炎夫妇与弓勋等人卖奸的口供。直到半年后巡抚带郭元曾秘密过堂，才有了"宗炎家贫不检、纵妻通奸"的说法。随后审讯各官根据巡抚所问的口供严刑逼供，迫使各犯供认。刘氏为此情急投井，被捞出后施以竹板敲手之刑。刘氏求死不得，只好供认卖奸。

至于王桐等人将常氏抱至东院再行轮奸一事，也非郭元曾、常氏初控中所有，是时隔八个月之后复行加入的，且屡次翻易，情节极为混乱。譬如深夜轮奸，怎样确认轮奸者身份一事，常氏先供在西院时借月光看破，后经一审官指出初二月光晦暗不能辨认，又改供为听声音辨认；当又有审官提出其中刘高等三人并未出声时，则又改供称郭宗炎始终在一旁持火纸照亮，但这又与王桐此前供述的在东院碰见郭宗炎相矛盾。又如东院刘氏卧榻宽度只有三尺一寸，竟能同时容纳五人。而众人轮奸常氏、刘氏时，刘氏一岁幼子被惊吓大哭，竟然没有惊醒同院居住的郭宗炎之母罗氏。此外，常氏前后指认的参与轮奸之人，经孙嘉淦派人调查，大多没有作案的可能性。如王桐被人证实七月初二日在马家庄住宿。马家庄与郭家庄虽只隔二十里，但中间有黄河阻挡，非一夜能渡，所以没有作案可能。魏尚智是元曾家雇工，事发次日即奉常氏之命叫回外出的元曾，并代元曾到州衙报官。如魏尚智果然强奸女主人且被识破，怎能不马上逃跑，反而亲自寻主报官？王栋、王良是亲兄弟，王栋年近六旬，又患病不能行房，也没有带着弟弟参与轮奸的道理。至于黄七、刘迪都是外庄之人，口供中忽有忽无，不明所以。

经过反复对比前后案卷，孙嘉淦最终得出结论：这一切令人瞠目结舌的离奇场景，根本子虚乌有，所有前后矛盾的供述，或是在严刑之下信口胡乱承认，或是在审官的威逼教唆之下说出的。案件的情节原本非常简单。案发当夜，郭元曾家被强盗数人入室盗取财物，墙角挖掘的盗孔至今仍在。盗贼因见其家只有郭元曾妻子常氏一人在内，遂将其轮奸。常氏仓皇黑暗之中不能辨认强盗面目，强盗恐被识破，冒名承认为弓勋，而弓勋又是常氏在郭宗炎家见过的。河南地方官不能擒盗获赃，遂将盗情隐讳，硬把案件转移到奸情上来，且为了应付上司驳诘，层层罗织，编造情节，不断牵连，无辜者十余人被拟为死罪。终致郭宗炎、魏尚智二人瘐死狱中，其余众人倾家荡产、遍体刑伤。如果不是孙嘉淦及时审出讳盗诬良之情,后果更不堪设想。

从制度上找漏洞:讳盗诬良是如何发生的

按照《大清律例》和《吏部处分则例》,地方官讳盗诬良要按"故入人罪"之"全入"论处,如被发现,即当反坐。[1] 即便并未诬良,只是单纯讳盗不报或是讳盗为窃,一经发觉,初审官亦要遭到革职永不叙用的处分。此外,如果上司官员没能及时发现初审官的以上行为,亦有不小的连带责任。那么,在如此严厉的处分下,为什么讳盗问题屡禁不绝,地方官甚至不惜诬陷无辜、以身犯险?问题根源还要从清代的制度上来找。

首先是清代官员的考绩制度。根据清代律例和处分条例,地方如果发生强盗案,地方大小文武官员又没能在一定期限内将盗贼抓获,就有"疏防"之罪,要被本省督抚题参,由吏部给予处分。处分的轻重根据盗情的严重程度,以及官员对此事责任大小、盗贼被抓获的时

---

[1] 在清代法律语境中,"入"是加重的意思,"全入"即全面伪造罪行,无中生有。反坐,即诬告他人被识破,依照法律以被诬者的罪名论罪。也就是说,官员如果"讳盗诬良"既遂,自己就应该被治以强盗罪。

间长短而定。

例如，百姓在道路、乡村、城内被劫，盗贼逾限不获，该管州县官要被降一级调用。道光以后，因为盗案频发，条例也愈加严格，地方一旦有盗案发生，无论能否抓获，督抚往往先将该管州县官摘去顶戴、勒限缉盗。如果逾限不获，处分也较此前更重。至于大股强盗团伙作案、一地之内出现连环盗案，或是官府、仓库被劫的大案，相应官员的处分要更加严重。清代知县的品级是正七品，已经是正印官的最低一级，如果降一级调用，就只能担任佐贰[1]一类的闲职。如果这名官员本身已经带有降级留任之类的处分，再遭降调，很可能就沦落到乌纱帽不保的境地。

事实上，在当时的刑侦技术条件下，捕盗非常困难。州县官一旦将盗案立案上报，十之七八难逃"疏防"。除了疏防处分，如果被捕的强盗在抓捕过程中被捕役虐待致死，在解审路途中逃跑或是被同伙劫囚，关押在监时死亡或是越狱，地方官也都要受相应处分。这种情况下，如果能讳盗不报，将大事化小、小事化无，对地方官保全官位无疑是最有利的。而对于那些由盗而奸、由

---

[1] 佐贰官即我们现在所说的副职官员。在清代，一县之内，知县为正印官，县丞、主簿为佐贰官，佐贰官的实际权力很小，通常被视为闲职。

盗而杀、难以讳言的大案，一些保位心切、人品又极其败坏的官员，就会冒险做出诬良的举动。

清人所著官箴书中，常劝诫为官之人"公罪不可无，私罪不可有，盖求免公罪，即是私罪"。对盗案的处理而言，疏防处分是"公罪"，讳盗诬良是"私罪"，地方官一旦有回避"疏防"之心，就要行讳盗诬良之事，事主陷入"失盗又遭官"的悲惨处境，就在所难免。

其次是清代的地方财政制度。一方面，清代的财政收支采取量入为出的管理办法，由中央户部统一支配，每一笔开支都要严格审核报销。乾隆以后，随着人口的不断激增，地方上的社会矛盾也日益复杂，但僵化的财政制度不存在为州县刑名事务大量增加开支的余地。至于由地方政府出面，增收耗羡[1]补充公费使用，虽然是普遍的做法，但也要有所限度，数量过多容易激起民变。另一方面，清代刑名大案的审转程序十分复杂，强盗案作为涉案人数最多的死刑案件，大致要经过县、府、按察司、督抚四级官府审理，案卷送交北京刑部覆核，由皇帝批准处决，中间如有情节审问不清、法律引用不确之处，任何一级都可能往返驳诘，再二再三。十几名甚至数十名当事人、犯人、证人及其亲属在省内各级衙门

---

[1] 耗羡是官府征收钱粮时以弥补损耗为名，在正额之外加征的部分，通常被视为加重人民负担的"陋规"。

之间辗转解送，成本非常之高。

因此，地方一旦出现重大盗案，必然经费不敷，这就需要承办此案的吏役自筹。吏役借此肆无忌惮，任意舞弊，一些经验不足的官员，因此被其玩弄于股掌之上。一些官员或不欲造成经费亏空，或不愿受制于吏役，往往有压案讳盗之举。而一些恶吏蠹役如果与大盗相串通，甚至本来就是养盗之人，受官员委派办案捕盗时，就会出现接受盗贼贿赂，转而诬陷良民的举动。

对于讳盗，特别是讳盗诬良这样贻祸百姓、助长盗情、破坏吏治的"虐政"，清廷和当时的有识之士都有清晰的认识，但又无法彻底打破考绩制度和财政制度从而根治这一弊端，只能不断对地方官进行说教告诫，并通过以上制下的制度设计，在个案层面进行纠错，省内无法解决，就由中央派钦差处理。而一旦督抚甚至中央高官也"专务粉饰"，则"属吏仰体上意，率多讳匿"，那么"盗贼充斥，生民涂炭"的局面自然随之而来。张集馨在四川任职期间，仅简州一个州，一年内就有劫案三百余起，皆未通报。此后，未及五年，太平天国运动就全面爆发。

附记：本文曾于2016年4月1日发表于《澎湃新闻·私家历史》，原标题为《清代地方官为何以身犯险、诬陷良民？》

重臣与宠臣：一桩杀妻案引发的权力较量

前些年热播的电视剧《铁齿铜牙纪晓岚Ⅱ》中有这样一个情节：巡城御史海昇当街烧毁了权臣和珅家的马车，和珅为图报复，唆使海昇的妻舅贵宁指其杀妻；在纪晓岚的保护周旋下，海昇被无罪释放。剧中的海昇被塑造成刚正不阿的青年才俊，蒙冤入狱，令人同情；而纪晓岚则保持了一贯的机敏正直、与和珅斗智斗勇的银幕形象。

在历史上，乾隆五十年，确实发生过海昇杀妻案。此案牵扯甚广，举朝震动，和珅与纪昀（纪晓岚）也都参与其间。不过，案情本身，以及相关人员在其中扮演的角色，都与电视剧的演绎大为不同。

涉案人员

在讲述该案之前，要介绍一下当事的几位重要人物。

先来说说海昇。他是满洲正蓝旗人，姓伊尔根觉罗。海昇时年三十二岁，任职从五品的礼部员外郎，兼任军机章京。在当时的京官序列中，海昇的官职并不算高，但军机行走的差事却很重要，能够有机会和各部院的中高级官员打交道。不过，对这件案子来说，海昇本身的职位远不及其家族背景起到的作用大。海昇的父亲叫明山，官至陕甘总督，案发时已经去世了；兄长海宁，官至浙江巡抚；姐姐伊尔根觉罗氏，则是乾隆帝宠臣、大将福康安的嫡配夫人。除此之外，海昇家族还和当时的首辅大臣、大学士阿桂有亲属关系。正是这层关系，直接影响到了本案的走向，并使一件简单的刑事案件，演化为波谲云诡的政治大案。

海昇与阿桂有何亲缘，史料中没有明确记载。乾隆帝称二人是"葭莩之亲"，即远房亲戚。考察记载阿桂家庭情况最为详细的《阿文成公年谱》，可知阿桂本族姓章佳氏，其嫡母伊尔根觉罗氏、继母那拉氏、生母韩氏、夫人瓜尔佳氏。单从姓氏来看，海昇可能是阿桂嫡母家族的姻亲。

再来说说事件的另一位主人公阿桂。阿桂是满洲正蓝旗人（后因军功抬至正白旗），时年六十九岁。阿桂生长于清代前期不多见的满洲科举世家，他的父亲阿克敦是康熙年间进士，入仕后屡次主持乡试、会试，并常年担任翰林院掌院学士,在汉族士大夫中享有很高的威望。阿桂本人也是举人出身,且文武双全,在平定准部,征金川、缅甸等战争中都担任主将,袍泽遍布天下。金川之战取胜后,他被封为"一等诚谋英勇公",同时兼任内阁、军机处两个中枢机构的首席大臣,被时人尊称为"元勋""首辅""上公"。

而与阿桂的出身、经历迥然不同,并正在对其政治地位发起挑战的,是年仅三十五岁就担任协办大学士、军机大臣、户部尚书、步军统领的和珅。和珅出身破落的满洲中等贵族家庭,三岁丧母、九岁丧父,家境十分贫寒,幸有祖上的余荫使其能够进宫担任侍卫,并凭借过人的聪明得到皇帝的赏识而平步青云。由于他性格柔媚,既非科举出身,也没有军功,升迁又过于顺利,遂被满朝文武特别是阿桂这样的功勋老臣视为佞幸,极端蔑视。

昭梿在《啸亭杂录》中记载了这样一件事。乾隆四十六年夏天,甘肃发生叛乱,乾隆皇帝命阿桂前去平叛。当时阿桂正在河南处理河工事务,不能即刻启程,遂由和珅先到甘肃,作为临时主帅。和珅立功心切,准备在阿桂到甘肃之前平定叛乱,于是独自督师进剿,却被叛军击败。和珅在军中毫无威信,下令调动各部将领,将领们都不理睬;开军事会议时每次提出想法,都被将领们刁难抗拒，他也无可奈何。等阿桂来到前线，和珅前往迎接。阿桂问他为什么战败，和珅只好悻悻回答："将领们桀骜不驯，都不听我的命令。"阿桂说："军中有令不行，就该斩首啊。"和珅请教下一步进兵方略，阿桂笑而不答，只是命令诸将领次日早上到辕门集合。第二天一早，阿桂升帐发令，命和珅侧坐旁观，见诸将凡有所调拨，无不凛然从命、应声如响。阿桂布置完毕，对一旁恼羞成怒的和珅说："我看了半天，也没见哪个将领敢轻慢军令啊！那么前次之败，我的尚方宝剑该拿来砍谁的头呢？"和珅登时就吓得面无人色。阿桂随后命他离开军营，返回北京。

乾隆四十六年，即海昇案发生的四年前。为了提高和珅在朝中的威望，乾隆帝为他提供了出征平叛、建立军功的机会。哪知道和珅独自指挥作战时，不但轻敌躁进、大败而回，也让属下将领对其十分轻视，全然不肯听其调遣，与阿桂命将时的"辄应如响"形成鲜明对比。这样一段经历，是二人在朝中威信的真实写照，令和珅恼羞成怒，为他们日后的不断较量埋下伏笔。

案件始末

事实上，海昇案的缘起不过是一件再平常不过的家务小事。海昇自幼娶妻乌雅氏，二人成亲之后一直争吵不断，四邻亲友无人不知。这天傍晚，海昇让自家十三岁的丫鬟点烟，坐在里屋的乌雅氏指其二人有私情，夫妻再次吵闹不休。吵到激烈处，二人动起手来，海昇走进屋去，踢了乌雅氏几下，乌雅氏大骂不止。海昇气急败坏，又向乌雅氏胸口猛踢一脚，乌雅氏应声倒在床上。海昇再用手掐住乌雅氏脖子，但此时乌雅氏已经气绝。海昇见此情形，赶忙稳住心神、装点现场，用搭包[1]系住乌雅氏的脖子，吊在柜子腿上，装作自缢状。事发后，海昇不敢通知乌雅氏的娘家亲属，准备偷偷入殓。不过，乌雅氏陪嫁的小厮趁机偷跑回去，将乌雅氏缢死的消息告诉了娘家弟弟贵宁。贵宁闻讯，马上带着家属来到海昇家，欲看尸身。海昇将贵宁等人拦在门外，声称尸首已经装裹，须等盛殓再看。贵宁表示姐姐自缢横死，应该报官，不能私自入殓。海昇不肯，贵宁争执不下，遂到主管京师治安的步军统领衙门递状，呈明亲姐死因不明，请求官府派人验尸。

时任步军统领的正是和珅。当得知被告海昇是阿桂的亲戚时，和珅一阵窃喜，颇欲借此机会令阿桂难堪。按照惯例，内城出现非正常死亡的情况，应由步军统领

---

[1] 古人佩戴的长而宽的腰带，内里可装钱物。

衙门行文刑部，请刑部派员验尸。阿桂家族在刑部威望极高，其父阿克敦担任刑部尚书达十年之久，阿桂此时又分管刑部事务，部内尚书、侍郎和主要司官，几乎都是他们父子提拔培养的。刑部接到步军统领衙门行文后派出的司官李阔、业成额二人，都不愿兴起事端令阿桂蒙羞，而随同前往的仵作李玉又接受了海昇管家的贿赂，虽然认出乌雅氏脖颈上的伤痕并非致命伤，仍然以自缢禀报，二司官也囫囵以自缢定案。

事情到了这一步，如果是寻常案件，自然可以糊弄过去。而此案既由和珅经手，就难以蒙混过关。和珅一面挑唆贵宁在步军衙门不断喊冤，且状词直指阿桂，称其指示刑部司官包庇亲属；一面亲自上奏，将此案摆在乾隆帝御前，并建议"将海昇解职，交刑部传集应讯人证，审明确拟"。乾隆帝对此案颇为重视，下旨刑部再次派出得力官员验尸，并由都察院派员共同前往，起到监督作用。一时间，刑部派出侍郎景禄、杜玉林，司官王士棻、庆兴四人，都察院则由左都御史纪昀带领崇泰、郑澂两位御史，一起前往海昇家，又调都察院五城中的西城仵作王国泰代替刑部仵作检验尸首，以防舞弊。

事实上，和初验的几位官吏一样，这次参加覆验的七位官员和一名仵作，也没有人愿意把事情的真相捅破。首先，按照清代制度，京城内有仵作的衙门只有刑部和都察院五城。刑部仵作水平较高、薪水亦高；都察院仵作水平较低、薪水也低，且升迁方向就是进入刑部。因此，除非万不得已，都察院仵作断然不敢翻刑部之案。此外，这次检验官员中职位、资历最高的当属纪昀，但更巧的是，阿桂之父阿克敦正是纪昀的乡试座师，且师生之谊甚笃，可称得上通家世好。既然事情碍着老朋友的脸面，一向精明过人的纪昀自然乐得成全。他一到验尸现场，就以年老眼花、不懂刑名为由，一语不发，随他前来的两名御史自然也不作声。至于刑部此次派来的几位堂、司官员，都是部内干练之员。如杜玉林任司官时，是刑部第一个还没有实缺就获得总办秋审殊荣的人；庆兴是有名的验尸老手；而王士棻更秉公处死过和珅的家奴。不过，刑部官员中越是得力能干之人，越与阿桂关系密切，受其提拔恩惠越多。综合以上几个因素，这次验尸的过程与初验毫无区别，结果也仍然是"自缢"，只比初验时多出左右膝四处不致命伤。

案子上奏后，贵宁仍然在步军衙门控告不休，一口咬定两次验伤结果都不属实，是刑部、都察院因为阿桂情面故意瞒报致命伤。乾隆帝一时也拿不定主意，召见阿桂询问。当他问到柜子腿怎么能吊死活人时，阿桂以一副常年担任刑部堂官的自信态度回答说："床档船舱，皆可自缢。"乾隆又问贵宁屡控不休如何是好。阿桂说：

"如虚即应治罪。"这样的表述被和珅抓住把柄,事后成为阿桂包庇海昇的证据。

一件情节毫不稀奇的人命案,不但两次检验无果,亲属不肯罢休,还掺合进如此复杂的高层人事关系,令极其痛恨大臣结党的乾隆帝大为恼火。在和珅的撺掇下,皇帝干脆撇开刑部不用,改派户部侍郎曹文埴、工部侍郎伊龄阿,借调大兴县仵作第三次前往验尸。龙颜震怒之下,这一次的验尸官再也不敢糊弄了事。经过仔细勘验,这一次的验尸结果与前两次迥然不同,变为:"验得乌雅氏脖项耳际并无缢痕,亦无勒痕,而胸膛有脚踢致命伤一处,显系踢死。"乾隆帝恐阿桂等人不服,下旨阿桂、和珅与初验、覆验、三验的官员,以及刑部全体堂官都到海昇家公同再验。众目睽睽之下,阿桂和刑部也表示曹、伊二人所验是实,再将全部犯人、证人提到刑部大堂审讯。海昇招供,案件终于告破。

处理结果

真相大白之后,主犯海昇按律被拟为绞监候。按照清代的惯例,以夫杀妻,除非情节特别残忍,一般不予勾决,但当年秋审时,乾隆帝特意说:"海昇系阿桂姻亲,阿桂又不免意存袒庇,以致刑部堂司各官均有瞻徇回护之见。若非屡次派员覆检，几致始终朦混。且由此酿成重案，众人皆因之获罪。该犯杀妻虽非必死之罪，而实有必勾之情。"因为秋审时阿桂正在外面出差，乾隆又强调自己并非借阿桂离京之际处死海昇，甚至说出"试思朕何如主？岂阿桂在朕前竟能舣法救人，而朕即听信其言竟置人命重案于不问耶？是海昇之死阿桂非惟不能救之，而适足以杀之也"这样的重话。

除海昇之外，本案初验、覆验的涉事官吏，两名仵作李玉、王国泰，被判处在刑部门前枷号两月，发伊犁给厄鲁特兵丁为奴的重罪。同去验尸，也拿了海昇所赠车马费的书吏、马夫、皂役、稳婆等人都被革除差役，根据情节轻重枷号一个月到两个月不等。初验、覆验的刑部侍郎杜玉林、景禄，司官业成额、李阔、王士棻、庆兴，被革职发往伊犁效力赎罪。左都御史纪昀遭到乾隆帝痛斥，称之"无用腐儒"，惟念他年老短视，刑名素非谙习，所以免予重罪，从轻改为交部严加议处，随去的两名御史崇泰、郑澂也被交部严加议处。刑部其余四名堂官则"从宽降为四品顶带，仍带革职留任，所有应得养廉饭银公费一概不准支给"。

至于功勋卓著的阿桂，乾隆帝借此机会皮里阳秋，对其大大敲打了一番。皇帝说：

阿桂受朕深恩,于此等葭莩亲谊,亦不屑授意于堂司各官,而堂司官、御史即不免心存瞻顾。及朕特派覆检,仍胆敢有意回护,此而不严加惩儆,又将何以用人?何以行政耶?此案阿桂业经自行议罪,请罚公俸十年,并革职留任。阿桂于海昇虽无授意嘱托之事,但伊曾奏及床档船舱皆可自缢,并贵宁屡控不休,如虚即应治罪之语,是其意已先存袒庇之见,咎实难辞。今虽无请托情弊,刑部、都察院堂司各官尚意存回护,况可先为此袒庇之言耶?本应俯照所请,姑念此案究非若福隆安之徇庇家人者可比[1],又因其尚有劳绩,着加恩改为罚公俸五年,仍带革职留任。至阿桂由朕拔擢、任使、造就、成全,原不可以保全功臣而论。

换言之,乾隆帝并不认为这件简单的杀妻案,之所以如此大费周折,牵连进如许之多的官员,是阿桂故意授意包庇的结果。但即便如此,这么多的官员仍然齐心协力瞻顾回护,对于朝廷政治生态来说,是比阿桂主动授意更为危险的一种表现,如果不加严惩,任由功臣的威望不断膨胀,皇帝"将何以用人?何以行政?"至于

---

[1] 此案的一年前,发生了乾隆帝的女婿福隆安府邸管家令人顶凶案,福隆安被罚公爵俸十年。

只对阿桂进行罚俸的轻微处理，乾隆帝特意强调，这虽然是因为他"尚有劳绩"，自己却并不是出于"保全功臣"的政治意图才这样做。阿桂虽然军功卓著，但自始至终都是由自己一力提拔造就的，和自古以来君主对待"功高震主"的功臣性质完全不同。他借此宣示群臣，自己对阿桂这样的功臣具有绝对控制力，无所谓"保全"与否。

关于这件案子，有三个值得注意的地方。第一，读者在看到案件的始末后会问，此案会不会是海昇真的冤枉，三验官员在乾隆帝的胁迫下谎报致命伤？事实上，这种情况基本可以被排除。历史的走向是阿桂一派在嘉庆年间获得全面胜利，和珅本人甚至被赐死。如果海昇有冤，此时一定会被成功翻案。但并没有人对此案提出异议。

第二，不管是乾隆帝还是和珅、贵宁，在整个案件中都不断强调海昇是阿桂的亲戚——实际上他们的亲戚关系可能非常之远——却从未有人提到海昇是福康安的妻舅。其中固然有福康安不在北京的缘故，但乾隆帝欲借此案打压阿桂的势力，又不愿意连累宠臣福康安的心态，也昭然若揭。

第三，当时的官场明显呈现出所谓"忠奸不两立"格局。阿桂因其功勋卓著、科举出身、操守清廉，成为官僚集团中"正面势力"的绝对领袖，与和珅所代表的谄媚、幸进、贪渎一派相对立。连对他颇为忌惮不满的乾隆帝也可以笃定，以阿桂的人品，是不会有意嘱托刑部检验官员，为杀妻的亲戚开脱的。此外，两次前往检验的刑部堂司官员，也都是舆论中公认的人品端方、办事精干的人物，他们之所以这样做，并非献媚权要以图利，只是出于对自己有知遇之恩的阿桂的保护与私人感情。以此获罪，舆论不但不责怪他们草率人命、以私废公，反而颇有惋惜之意。更值得一提的是，此案审结后，和珅对最终查出命案真相的户部侍郎曹文埴非常感激，曾打算推荐他升任户部尚书。而曹文埴为人耿直，对和珅十分不屑，此次虽然据实验尸，却感到自己是为奸臣张目，对不起阿桂及刑部、都察院一干同僚，很快就以母亲年迈为由辞职还乡。他的这一做法受到后来登基的嘉庆帝的尊敬，其子曹振镛在嘉庆、道光年间飞黄腾达，与此不无关系。

余音

海昇杀妻案，由一个普通刑事案件最终转化为政治事件，影响颇为深远。此案过后，阿桂及其僚属受到很大打击，乾隆帝对阿桂外尊重而内疏远的关系被彻底明朗化，而对和珅更是愈加信任，其宠臣地位大大巩固。与此同时，和珅与阿桂的矛盾也完全公开化。昭梿在《啸亭杂录》中记载，"阿文成公桂与和珅同充军机大臣者十余年，除召见议政外，毫不与通，立御阶侧，必去和十数武[1]，愕然独立。和就与言事，亦漫然应之，终不移故处"。也就是说，阿桂与和珅作为军机处的同事，每天在一起办公，但十余年间，除了一起被乾隆皇帝召见议政外，从不进行单独交流。每次召见之前，阿桂站立的位置都要与和珅拉开几步距离，和珅凑过去说话，阿桂就站在原地随口回应，不肯稍作迁就。更有甚者，此后阿桂曾至江南公干，拜会已经告老还乡的旧友赵翼，赵翼以诗记录了当时情形，其中有："使节适南来，襜帷喜再攀。公色愀不乐，叹未能除奸。余谓大权减，正保令名完。公时闻我语，豁达开心颜"等句。可见阿桂与和珅二人，已经到了势不两立的地步。而从赵翼劝解的所谓"余谓大权减，正保令名完"一句，亦可见乾隆帝扬和抑阿的政治用心。

乾隆末年，被阿桂"倚如左右手"的军机章京管世铭改任御史，曾欲严参和珅，奏折已经呈递上去，却被阿桂扣在军机处。阿桂一面赞赏管世铭的勇气，一面告

---

[1] 古人以六尺为步，半步为武。

诉他:"报称有日,何必急以言自见。"其意乾隆帝偏袒和珅,现在参劾难以奏效,但老皇帝年纪已过耄耋,不如静观其变,相机而动。嘉庆二年,已经八十岁的阿桂身患重病。病危期间,管世铭前去探望,阿桂执其手叹息道:"我年八十,可死。位将相,恩遇无比,可死。子若孙皆已佐部务,无所不足,可死。忍死以待者,实欲俟皇上亲政[1],犬马之意得一上达。如是,死乃不恨。"这样的遗言很快通过管世铭之口在士大夫内部流传开来,阿桂与太上皇的隔阂之深成为尽人皆知之事,这为嘉庆帝上台后诛杀和珅的动作提供了充分的舆论基础。

阿桂去世后,和珅取而代之成为内阁、军机处的双料首辅,全面掌握朝政。然而仅仅一年光景,太上皇驾崩。亲政的嘉庆帝一向对阿桂极为尊敬,所重用亲近者多系其门生故吏。而和珅则骤然失势,半月之内,就以二十条大罪被赐自尽。其时,第一个参劾和珅的,正是阿桂在刑部的老搭档、海昇案中被降为四品顶戴的刑部前尚书胡季堂。这一场重臣与宠臣之间的斗争,至此而告终结,一件小小的海昇杀妻案,才真正画上句号。

---

[1] 其时八十七岁的乾隆帝尚以太上皇的身份操控政局。

附记：本文部分内容曾发表于《清史参考》2016年第8期，原标题为《乾隆年间的海昇杀妻案》。

冤狱起山阳：洪水过后的新进士之死

嘉庆十四年刚一开年，山东登州府即墨县的阁里村就多了一位痛不欲生的新寡李林氏。两个月前，她的丈夫、年仅三十七岁的知县李毓昌在苏北赈灾时死去，当地官员说是精神恍惚，自缢身亡。李毓昌的尸体和遗物由叔父李泰清运回家乡，一家人扶棺痛哭，惨不忍闻。

世事如此难料。仅仅大半年前，李林氏还是十里八乡最令人羡慕的妇女——上年五月，丈夫李毓昌苦读成名，殿试高中。李毓昌是那个年代读书人的理想典型：承平之世，清白之家，力行学文，克勤克俭。他是个大孝子，祖父瘫痪，不能动弹，他和堂弟缚竹为椅，每天抬着老人在庭院里活动，几年下来，毫无怨言。他读书极为用功，无事从不出门，同乡邻里都"罕睹其面"。乾隆五十九年，年仅二十三岁的李毓昌乡试中举，可算是少年早达，奈何接下来的会试之路不大顺利，一耽搁就是十四年。皇天不负苦心人，到嘉庆十三年戊辰一科，李毓昌考中进士。在家做孝子的他终于有机会为国做忠臣了。

自杀？还是被自杀？

考中进士的李毓昌很快获得知县的职衔，被分配到江苏任职。虽然没能选翰林、留阁部，但江苏是富裕省份，离老家山东又近，这样的安排对李毓昌来说，也算是中上之选。不过，大清王朝沿续到嘉庆一代，已经一百七十多年，官场上人多缺少，进士出身虽然具有优势，但也很难一下子得到实缺。于是和当时大部分新进士一样，李毓昌得到知县的身份，却没有马上到某县任职，而是听从本省布政使杨護的临时差遣，到刚刚遭遇洪水、受灾严重的淮安府山阳县查勘赈济。

在清代，淮安府是个很特别的地方。一方面，它是黄河、淮河、运河的交汇之地，作为南北交通枢纽，是河道总督、漕运总督两大衙门所在地，商业无比繁华，风气极尽奢靡。另一方面，由于地理位置的原因，淮安府属各县，又是备受黄、淮两大河肆虐的地方，大洪灾、大瘟疫频频降临，官方组织的修堤曳船、大工大役更是无日不有，人民生活不啻水深火热。如康熙二十年一场大涝，黄河数处决口，淮安城被淹，时人喟叹道："桃源[1]之民以十分计，水灾去其七，蝗灾去其二，仅得遗民一分。而岁修夫又去一分之三，衙门廿余皆有役，又去一分之一二，送银鞘、解逃人、曳拨兵船又去一分之四五，然则桃源犹有民哉？抑岂无民，但无歇肩之民耳！"嘉庆十三年的洪水虽然没有康熙二十年那样大，但也波及了苏北三府十四县，以致田禾淹没不能播种，粮食歉收，农民亟待政府救济。

饱读圣贤书的李毓昌一入仕就接手这样的差使，立时责任心倍增，工作态度十分认真。他于当年九月来到山阳，随后亲自下乡勘察灾情。据山阳县跟随他的书办说，李毓昌坚决践行精准赈灾，毫不理会那些勘灾活动中私相授受的惯常做法。譬如当地富户陈茂想请他吃饭，借机虚报受灾户口，侵吞赈济款。李毓昌当即严词拒绝，说："我不比别人，总要见一户才给一户的票，断不肯听情。"按照杨𬤇的分工，李毓昌的任务是勘察山阳县内四个乡的受灾情况。然而才刚查了两个乡，查出极贫、次贫的灾民三千余户、九千余口，他就被叫回淮安城里，从此有去无回了。

十一月十八日，李毓昌的叔父、武秀才李泰清刚好到江苏办事，顺路过淮安探望侄子。本以为侄儿初入仕

---

[1] 淮安府下辖县。

途、志得意满，哪知一到李毓昌的临时住所善缘庵，就见内里死气沉沉，仆人李祥等人腰间系着白布带子。李泰清赶忙询问，被李祥告知，李毓昌到山阳上任后，精神恍惚、言语颠倒，像是疯了的样子，到本月初六，就自己在屋内上吊了，事后山阳知县王伸汉、淮安知府王毂都带仵作前来验过，现在已经备棺成殓。李泰清惊惧之下，忙随李祥进屋，就见一具棺材停在暗室之中，棺材板已经钉死。李泰清当即痛哭失声，并未想到开棺细看。念及侄儿的棺木寿衣都是山阳知县王伸汉帮忙置办，李泰清稍作料理，便到县衙致谢。这位王太爷很是周到，告诉李泰清，自己与毓昌素来相好，不但将寿衣寿材的费用一起担了，还备下运柩回籍的盘缠一百五十两，请李泰清务必收下，算是表示自己的同僚之情。李泰清拿了银两，虽心疑王伸汉过于殷勤，到底没有多想，只将李毓昌的灵柩、遗物运回即墨老家，将噩耗告诉侄媳林氏。

一家人哀号数日，才想起检点遗物，为死者烧些袍褂衣服。然而一开箱子，林氏和李泰清就发现，李毓昌的皮袍前面有一道血迹，两袖口外也有血迹，马褂面襟上更有大血块一片。二人大惊失色，怀疑不是自缢，随即拔钉开棺，解去寿衣，见李毓昌浑身黑青，再照《洗冤录》用银针探试，果然是中毒枉死。与此同时，李毓昌在江苏的旧识、现在即墨县衙做事的沈廷栋偷偷告诉李泰清：李毓昌原来的仆人李祥、顾祥、马连升，都经山阳知县王伸汉举荐得了美差，王伸汉与令侄不过寻常同僚，竟然如此关照他的仆人，其中必有问题。

利欲熏心的府县与颟顸昏聩的大僚

几经商议，已经年近六旬的李泰清决定跋涉进京告御状，为既无子嗣又无兄弟的可怜侄儿申冤报仇。状纸送到都察院后，经颇有理刑经验的左都御史特克慎看过，认为兹事体大，有上奏的必要。而嘉庆皇帝一见奏折，便觉得其中"疑窦甚多，必有冤抑"。他马上下旨给山东巡抚吉纶，将李毓昌尸棺提到省城，详加检验，又命两江总督铁保迅速将淮安知府王毂，山阳知县王伸汉，李毓昌旧仆李祥、顾祥、马连升等人抓捕，押进京城，交刑部审问。嘉庆皇帝对这些凡事颟顸、最擅敷衍的大员们严厉警告："若不细心研究，致凶手漏网，朕断不容汝辈无能之督抚，惟执法重惩，决不轻恕！"

皇帝雷霆怒下，两江大员不敢怠慢，很快将涉案人员悉数拿获，押解到部。刑部使出看家本事，连夜熬审，几天工夫，就问出了案件的大概情形——新官上任的李毓昌竟是被山阳知县王伸汉联络自己的仆人李祥、顾祥、马连升三个，里应外合毒害致死的。

王伸汉是陕西渭南人,捐纳为官,尤其懂得借势取利之道,一见天灾,就想发财。在与回到淮安城的李毓昌谈论山阳赈务时,王伸汉屡次要李毓昌多报灾户:"譬如已经查过的两个乡,实际受灾九千口,那么不如报上一万多口,多出的赈灾款,你我可以分润;再者勘灾辛苦,你老兄是新科贵人,何必亲自下乡?剩余未勘的两个乡不如让我手下的典史去代查,同藩司大人回禀是你查的,也就是了。"李毓昌是正人君子,当然不能认可王伸汉的话。二人争执两日,李毓昌负气而回。他心知王伸汉贪婪成性,必然已经有了以灾为机、害民肥己的举动,遂要求山阳县书办交出全县户口总册,准备仔细核对。不但如此,他还写下了一篇揭报,将王伸汉的所言所行记录下来,准备向藩司杨護检举。

李毓昌居心甚正、执见甚明,奈何半世读书,新来乍到,实在缺少城府,也没有识人防人之心。他准备呈给杨藩司的揭报,一旦递交上去,王伸汉不但发不得财,连官帽也保不住——欲做这样断人前程的大事,必得极慎密才好。然而李毓昌举动并不背人,拟写揭报的事,全叫仆人李祥知道了。这李祥是个又贪又狠的小人,因跟着李毓昌没有油水,早与王伸汉有所来往,受他好处,此时一见又有得钱的机会,便将李毓昌揭报之事告诉王伸汉。王伸汉又惊又怕,恶念顿起,遂与自家仆人包祥商量了一条毒计。

先是,王伸汉与此次由省委派的勘灾官员数人都有秘密交易,涉及赈银两万三千多两,已经可以算作数额特别巨大,一旦被李毓昌告发出去,后果不堪设想。于是,王伸汉让家仆包祥于十一月初五日到城里药铺买了砒霜,并联络李毓昌家仆李祥、顾祥、马连升三人,谋定于初六日夜间毒死李毓昌。十一月初六日,是当年的冬至大节,王伸汉以此为由请勘灾官员们到县衙门吃酒,散席时已到二更时分。李毓昌带着酒气回到住处,随手要茶解酒,李祥将砒霜放在茶中,待李毓昌毒性发作、腹痛难忍时,又叫进在外守候的包祥、顾祥、马连升三人,拖臂抱腰,拿布缠住口鼻,一通撕扯之下,用褡包将还没有断气的李毓昌吊在房梁之上,装作自缢。如此折腾,自然少不了鲜血四溅,不但李毓昌身上,据善缘庵的和尚证实,事后李毓昌卧室多处都有血迹,连床头灯匣子内的灯纱都被染红了。事实上,这样血腥残忍的杀人现场,显然破绽百出,只要检验官吏稍有良心,是绝不难发现其中疑窦的。

次日一早,李祥假装不知,进入李毓昌房内,高呼主人上吊了,随后到山阳县衙报案,引王伸汉以及同城的淮安府知府王毂一起前来,随行还有山阳县衙的仵作。王毂远远看了一眼尸身,便到外头坐下,不闻不问。仵作按照验尸的程序，先喝报"脑后八字不交"[1]，随后揭开胸前衣服、脱去一只袜子看了看。等再验到口内、口角处有血迹时，王伸汉便命仵作停止工作，用水将血迹洗去。既然本县老爷发话，仵作不敢不听，将尸体草草处置，在尸格单上填报自缢完事。验尸既毕，王毂打道回府，王伸汉问李祥要了李毓昌的贴身钥匙，翻出李毓昌的账簿、家信，特别是准备呈给藩司的揭报文稿，通通带回衙门，付之一炬。

照理说，上司差遣的勘灾官员无故横死，是天大的事，王毂身为知府，近在同城，怎能任由属下官员如此肆无忌惮、蒙混过关呢？可以想见，其人亦非善类。王毂素性刻薄贪狠，人送外号王老虎。昔年在山东德州任知州时，曾办过一案，时人记载：

淮安知府王毂，本来是个贪婪的酷吏。之前在德州担任知州时，有两个小男孩儿，甲十三岁，乙十二岁，在学堂里鸡奸而戏，被外人看见嘲笑。两家的父兄羞愤不已，以致于到衙门互相控告，而州官王毂竟然坐实了罪名。按照律例，男子奸淫十二岁以下的男孩或女孩，

---

[1] "八字不交"是古代法医著作中的常见表述，指缢死者缢绳的着力部位在颈前部，多在甲状软骨与舌骨之间，绕向颈部左右两侧，斜行向后上方，沿下颌骨角，经耳后越过乳突，升入发际，达头枕部上方而形成提空，俗称"八字不交"。

不论强奸还是和奸，都以强奸论死。奸淫十二岁以上的男女，如果是和奸，就只处以比较轻的杖刑。于是，两个孩子中，乙被薄责放回，甲则被判处绞监候的重罪关进监狱，而瘐死狱中。几年以后，乙长大成人，准备参加科举考试，甲家父兄记起前恨，又到官府控告，说此人当年有鸡奸前科，我家的孩子已经按律问罪，此人怎么能以被污之身参加科举考试呢？乙听说后羞愤难当，竟然自杀而死。甲乙两个孩子当年正是性知识懵懂的时候，相互嬉戏而已，不能以成年人的标准衡量其行为。两家父兄被旁人的嘲讽所激，一时之怒，控诉于官，是想平息流言，并不是要让官府坐实此事，对两个孩子治罪。如果为官者心存忠厚，就该判定两个孩子嬉戏打闹，并无鸡奸实情，交父兄各自领会教育，岂不皆大欢喜？而王毂天性刻薄，竟然定幼童以死罪。当时担任德州粮道的孙星衍目击此事，甚为不平，后来听说山阳赈案败露，王毂被处以死刑。孙星衍就感慨道：哪怕没有山阳的事，只论德州一案，王毂这样的酷吏也早该死了！

　　王毂与王伸汉同为捐纳杂佐出身，又同在山东任过职，素来交厚。此次王伸汉杀人灭迹之事，先向王毂告知，并许以重贿。王毂答应替王伸汉担当，遂在验尸时佯作不知，事后又帮王伸汉作伪证，瞒住上司。后来嘉庆帝称其"同恶相济"，实不冤枉。

为了安抚一众同谋等人，避免事情败露，李毓昌死后，王伸汉马上将李祥、马连升二人推荐到淮安通判、宝应知县两处衙门当差，又给欲回老家的顾祥送上银钱，请他们四散而去，各谋高就。然而天理昭彰，报应不爽，王、李等人百密一疏，竟没有将李毓昌带血的袍褂销毁，反而放进行李箱中，让李泰清带回了老家，最终促成了这件泼天大案的彻底反转。后人为了烘托大案的神秘性，多将此事附会于鬼神，称李毓昌枉死后，被上天封为山东栖霞县的城隍，他托梦于同乡荆某，让荆某到自己家去，告诉妻子林氏开棺验看，开棺后数日，荆某亦卒云云。

事实上，仅与淮安知府王毂达成攻守同盟，不过是王伸汉杀人灭口得以实现的第一个环节。如果王朝地方行政系统的既有监督机制能正常运转，李毓昌的冤情不出两江范围就应该被揭发出来，不必等到花甲叔父进京告御状再行申雪。可惜，在这件事情上，两江大员好似公堂木偶，面对漏洞百出的呈报文书，只知应付过关。譬如李毓昌被害仅三四天后，布政使杨護就因公事路过淮安，也曾就李毓昌自缢一事召李祥等问话，被与王伸汉事先套过口风的李祥当场糊弄过去。自己派下去赈灾的官员说死就死了，仅凭仆人巧言几句，就置之不问，杨護之昏聩草率可见一斑。此外，按照定例，职官自戕，地方官理应将相关情形详报本省按察司访查确否，再报之督抚覆核奏结，程序俨然，只要一人认真，就很难蒙混过关。然而时任江苏按察使胡克家、江苏巡抚汪日章、两江总督铁保三人，都如同摆设。其中，铁保上年听闻此事，本来心存怀疑，准备让王毂等人将李毓昌仆从带至省城询问明白，而一经王毂回禀说李仆数人已经回乡，便作多一事不如少一事之想，用印完结了。

来自皇帝的焦虑

对于江苏官场的糟朽败坏，进而思及其余各省大约莫不如此，嘉庆皇帝又恨又气、又忧又愧，不由感慨：李毓昌是新科进士、现任职官，受上司委派而来，这样的人身死不明，地方官大员们尚且含糊蒙混，不为究办，换了小民百姓含冤负屈，更有谁能尽心推鞫，为他们昭雪冤屈呢？可见天下之大，草菅人命的事，不知道有多少啊！"朕知人不明，误用汝辈，诚朕之咎。不知汝等尚有何颜上事天子，下对万民！"

更有甚者，嘉庆十四年六月，刑部已经将案情的来龙去脉审问明白、上奏定罪，到了当年七月，铁保忽然上一奏折，称此案扑朔迷离，江苏方面虽加紧彻查，但毫无端倪。他甚至一面牵引鬼神之说作为案由，一面怀疑是冬至宴席上的饭菜有毒，进而拷训厨子、查问同席之人。气得嘉庆皇帝对这位书法大家、八旗名进士破口痛骂：

> 昏愦胡涂已极！是其于案情关键亦全然不知，折内空陈焦急之语，犹欲再为体访实情，岂不可笑！铁保从前在司员及侍郎任内曾经屡获愆尤，弃瑕录用，自补放两江总督以后，不能敬慎办公，一味偏听人言，固执己见，办河工则河工日见败坏，讲吏治则吏治日见废弛。甚至有不肖劣员蔑视法纪，逞其贪戾残忍，全无忌惮，致酿成如此奇案，而彼犹梦梦不知，可谓无用废物！不但不胜封疆重任，亦何堪忝列朝绅！

对于这几个将他脸面丢尽的无能废物，嘉庆帝一改平日较为敦厚宽容的作风，在尚未处理正犯之前，就下旨将两江总督铁保革去一切职衔，发往乌鲁木齐效力赎罪；江苏巡抚汪日章革职回籍；按察使胡克家革职，留河工效力；布政使杨護暂免革职，留河工效力。此外，本次淮安赈灾官员共有十人，除李毓昌因为不肯同流合污而惨遭毒害外，以同知林永生为首的六人均与王伸汉串通分肥，"向垂毙之饥民夺其口食"，查明后抄家流放，并声明"遇赦不赦"，永远不准放还。只有教谕章家麟一人不但未经得银，且"核对所开户口，毫无浮冒"，奉旨升任知县，以资表彰。

对于正凶，此案的处理更是严厉已极，一改传统法律运作中一命抵一命的惯常做法，以六命抵一命。王伸汉冒赈银两万三千两，入己银一万三千两，已属法无可贷，更兼谋毒李毓昌毙命，著立斩，其子收禁，满十六岁后发往乌鲁木齐。王毂知情受贿，得银两千两，绞立决，原籍家产一律抄没。李祥、顾祥、马连升以奴杀主，俱凌迟处死。包祥处斩。其中，李祥谋害主人，从中联络，实属恶贯满盈，著刑部官员将其押解至李毓昌坟前，先刑夹一次，再行处死，死后摘心致祭，以泄愤恨；包祥首先设计，狠毒至极，亦著刑夹一次，再行处斩；顾祥、马连升二犯先重责四十板，再行处死。

对于李毓昌这样出淤泥而不染的孤忠之士，嘉庆帝深为哀悼，数次为之泣下，内里亦颇有以他冤情的申雪，知朝政尚有可为之处，而略觉安慰的隐衷。他给为官不到一年的李毓昌加赏知府衔，并以知府规格赐葬赐祭，亲撰《悯忠诗》三十韵，命山东巡抚备办石料，立碑以志，得使循吏清风，永垂不朽。又以武秀才李泰清来京呈控，大白奇冤，赏给武举功名。再者李毓昌并无子嗣及亲兄弟，皇帝特别关心他的立嗣问题，以及遗孀林氏的生计，当得知李氏家族为他过继族侄李希佐为嗣，林氏奉养有人后，则又下旨赏给李希佐文举人，准其来年一体会试，使李氏家族能够继绍书香，世代为国尽忠。

冒赈与吃赈：赈灾官吏怎样发国难财

应对灾荒、抚恤灾民，是传统中国政府的一项主要政务，基于其在政权合法性确立、社会秩序稳定、财政收入保障等诸多方面的重要意义，历朝历代都十分重视。清王朝吸取历代经验教训，在救荒问题上已经形成了一套比较成熟的制度化流程，主要包括报灾、勘灾、审户、赈济、蠲免几个步骤，即先由遭受灾荒的地区上报受灾区域、受灾程度，由中央或本省派出官员，对报灾地区进行实地勘察，核实受灾程度、受灾人员，为赈灾的范围、力度提供数据支持，最后由中央或本省根据上报情况向该地区调动、发放赈灾物资，或是减免当年税赋。这一套制度看起来严谨完备，但执行制度的毕竟是人，是从中央户部到地方州县的大小官吏，而捏灾冒赈这样的行为，正是他们在执行国家救济政策、实行赈灾的过程中做出的。到李毓昌生活的嘉庆年间，这种行为已经成为赈灾中的普遍做法。天灾人祸相伴而生，看不惯忍不得的，仿佛只有李毓昌这样两耳不闻窗外事的书斋秀才而已。

捏灾冒赈的花样很多，几乎每个环节都可能出现问题。比如报灾环节多是以无捏有、以轻捏重，希图多得赈恤。当然，也有少数官员，出于某些原因，会做出匿灾不报的举动。譬如雍正帝统治后期很强调天人感应，何处有大旱大涝，他就责备当地督抚，说他们为官不正，使上天降下灾祸。雍正十一年，河南大涝，时任河东总督的田文镜为了免于这样的指责，就将重大灾情隐匿不报，导致大批灾民不但无从获得政府的帮助，且要照原额纳税，以致衣食无着，群起逃亡。

勘灾环节则有多报花户、私售灾票的弊端。根据制度安排，勘灾官员要亲自下乡，按照保甲系统的户籍登记，逐户核查，发现受灾严重的百姓，就分为极贫、次贫两等，发给灾票作为凭据，将来可以凭票领取赈粮赈银。但在实际执行当中，不肖官吏不但不屑于亲自下乡，且经常无限度地多开多报受灾户口，骗取赈灾款。李毓昌案中王伸汉行的就是这样套路。另外同样是多灾多难的淮安府，乾隆十年黄河决口时，阜宁县勘灾官员曾浮开灾民三万二千多口，比王伸汉的胃口还要大得多。至于私售灾票，是指受灾地区的乡间豪绅、官吏亲属为了多得赈款而虚冒户口，花钱购买大量灾票，穷民孤寡反因为无钱行贿而拿不到应得的灾票。对于这些勘灾中的陋规恶行，清人有许多诗文予以反映，或曰："青钱入手始书名，大半空名入鬼籍。""三百钱报一亩灾，无钱痛哭仍空回。"

到了赈灾环节，更有侵蚀赈银、盗卖赈粮、以次充好、克扣短少等种种弊端。总之，名为救民，实多害民，国库发十、灾民得一而已。清朝官场上将这样的做法称为"吃赈"。到乾隆末年，"吃赈"几乎已经成了约定俗成的做法，只要不吃得太狠，上司也不过睁一眼闭一眼。很多时候，一地有灾，督抚大员往往同时指派许多候补官员前往办赈，其中一层不可言说的意思，就是给他们提供一个肥差，使其从中得利。如李毓昌案中，只山阳一县，由省城派出勘灾的官员就达十名之多，参与冒赈并与王伸汉分肥的就有六人，而李毓昌自己的仆人也因为得了美差却不能分肥，起了怨恨主人之心。更有甚者，督抚大员还怂恿、参与甚至亲自指挥冒赈吃赈。乾隆末年震惊天下的甘肃冒赈案，就是以陕甘总督勒尔谨坐镇、甘肃巡抚王亶望为首，由兰州知府蒋全迪组织实施的，全省上下涉及官员一百多人，涉案金额逾千万两白银，可以算作中国灾荒史上的第一大案。

在小农经济为主体生产方式的时代，天降灾荒，本已严重威胁到人民的生命和生计，而当天既灾于前、官复厄于后的情况普遍化、常态化时，人民的苦难、社会的动荡、国家的安危，自然就可以想见了。

附《悯忠诗》三十韵

君以民为体，宅中抚万方。分劳资守牧，佐治倚贤良。切念同胞与，授时较歉康。

罹灾速水旱，发帑布银粮。沟壑相连续，饥寒半散亡。昨秋泛淮泗，异胀并清黄。

触目怜昏垫，含悲览奏章。恫瘝原在抱，黎庶视如伤。救济苏穷姓，拯援及僻乡。

国恩未周遍，吏习益荒唐。见利即昏智，图财岂顾殃。浊流溢盐渎，冤狱起山阳。

施赈忍吞赈，义忘祸亦忘。随波等瘈狗，持正犯贪狼。毒甚王伸汉，哀哉李毓昌。

东莱初释褐，京邑始观光。筮仕临江省，察灾莅县庄。欲为真杰士，肯逐默琴堂。

揭帖才书就，杀机已暗藏。善缘遭苦业，恶仆逞凶芒。不虑干刑典，惟知饱宦囊。

造谋始一令，助道继三祥。义魄沉杯茗，旅魂绕屋梁。棺尸虽暂掩，袖血未能防。

骨黑心终赤，诚求案尽详。孤忠天必鉴，五贼罪难偿。瘅恶法应饬，旌贤善表彰。

除残警邪慝，示准作臣纲。爵锡几龄焕，诗褒百代香。何年降甲甫，辅弼协明扬。

黑幕笼罩泰山脚下：嘉庆年间的徐文诰京控案

乾隆六十年，刑部郎中孙星衍外放山东兖沂曹济道时，管部大学士阿桂嘱咐他说："外间风气非一人能变，亦勿以声名身命随人转移。"嘉庆初年升任按察使后，孙星衍"七月平反至数十百，雪死罪诬服者十余"。他对阿桂"外间风气非一人能变"的断语非常认同，感叹"公言历历如有先识"。

积案累累，京控纷纷

乾隆中期以后，政府对社会控制困难的两个基本因素是人口的大规模激增和疆域的急速扩张。对内地来说，人口问题形势严峻。从康熙中期三藩之乱后，清代人口呈直线高速增长，在乾隆后期突破三亿，鸦片战争前夕猛增到四亿，大大超越了此前历代王朝承受的人口极限。人口的激增使得社会矛盾大量增加。乾隆末年，乾隆帝在秋审勾到时就感到：各地承问案件依律核拟，并没有有意从严，而情实重犯剧增。问及群臣，众人回奏说这是生齿日繁、良莠杂出、作奸犯科之人大量增多的缘故。虽然社会矛盾迅速加剧，但地方政府的治理模式没有明显变化，国家为治安问题投入的人、财、物资源也没有明显增加。乾隆中期以后，各省积案累累、京控不断。地方政府的控制能力和公信力严重动摇。

《清实录》关于各省积案过多的记载从乾隆中期就开始出现，密度不断增加，到嘉庆中期以后，上升为皇帝亟须解决的重要政务。嘉庆十二年二月，皇帝接新任江西巡抚金光悌奏报，得知江西一省"巡抚衙门未结词讼即有六百九十五起，藩司衙门未结者有二百六十八起，臬司衙门未结者有五百八十二起，盐道各巡道未结者有六十五起"。在随后的几个月内，各省先后奏到积案数量。各省积案多寡不一。最多者如福建，仅巡抚衙门就有未结积案二千九百七十七起。

至于京控，从广义上说有两个层面：一是各地百姓控诉于在京各衙门，如通政司、都察院、步军统领衙门等；二是各地百姓直接向在京或出巡在外的皇帝控诉，主要有"拦舆、叩阍"两种形式。关于京控的记载，在政局不太稳定的顺治和康熙中前期的《清实录》中出现频率较高。康熙年间，由于皇帝经常出巡，所以拦舆、叩阍的事件数量尤多。康熙中后期到乾隆四十年左右，关于京控的内容在《清实录》中就很少出现了，七十余年间不过五六条而已。可见在此期间，地方刑案多能在省内得到处理，大案控至京师的情况不多，不成为朝廷重点关注的问题。到乾隆四十年以后，《清实录》对皇帝关于京控问题上谕的记载变得越来越频繁；到嘉庆十年左右，已达到每年数条。由于皇帝出巡次数较少，这一时期的京控案大多采取到都察院与步军统领衙门呈状的形式，且以命盗大案和申诉地方官府审理不公，致使百姓抱屈的案件为主。京控案件过多成为困扰嘉庆朝的大问题。出现大量京控的根本原因在于地方政府的控制能力减弱。地方政府面对抱有冤屈的百姓没有公信力和权威性可言，百姓必须通过京控这样成本极高的方式把事情搞大，案子才能够引起政府重视，继而获得尽快解决的可能性。

京控的直接原因，表现在政府方面的有两点。第一是积案问题。地方积案过多直接导致百姓的冤枉不能及时申诉，是以纷纷上控，离京城较近或是交通较方便各省的百姓则更多选择京控。各省上控、京控的数量与该省积案数量具有明显的正相关性。如近京各省中以山东省积案最多，京控也最多。从嘉庆十二年到嘉庆二十年这八年间，皇帝屡次点名批评山东积案过多、京控不断。

嘉庆十九年都察院奏，各省赴京控案咨交本省督抚，均有逾限未结者，而山东省为甚。现在两江及其余省分，均有十案至三四案不等，直隶省有三十二案，而山东省则竟有八十九案之多。嘉庆二十年，因为山东按察使和舜武办事认真，将积案全数审结，嘉庆帝亦随之感到"（山东）近日京控之案，较之从前不过十之二三"。

第二是地方官上下回护，原有的省内审转制度失效，被冤枉的当事人及其家属不得不远赴京师控告。嘉庆、道光名幕包世臣曾作《书三案始末》一文，记载了嘉庆年间三件惊动朝野的大案。其中第二件"泰安徐文诰案"惊心动魄、黑幕重重的审理过程，颇能反映这一时期地方官场官官相护，蒙冤之人不得不远赴京城控诉的政治生态。

事主耶？凶手耶？

嘉庆二十一年六月三十日夜里，位于泰山脚下的山东泰安县出一大案。一伙强盗明火执仗闯入本县巨富徐文诰的宅院，大肆劫掠财物。徐文诰和弟弟徐文显在内宅听闻盗情，率领家丁持火枪还击。等群盗退后，他们在栅门内发现一具尸体，正是徐家豢养的武士柏永柱。而栅门内夹道尽处，徐文显妻子居住的房间被洗劫一空，大量衣物、首饰、银两被抢。

第二天，徐文诰到县城报案。三日后，知县汪汝弼亲自到徐家勘验。看到徐家栅门内马号五间内拴着九头骡子，各个膘肥体壮。栅门上有自内向外的火枪砂子。失盗的房间与夹道有窗户相临，因为破损而无法进入，但失盗房门并未被劈坏。汪汝弼随即向徐文诰询问被盗衣裙饰物的颜色款式，徐文诰不能详述。汪汝弼遂诱导徐文诰说："你们做主人的，杀死雇工[1]，只判徒罪就够了，何况你家财万贯，可以交钱赎罪。何必假装盗案，自取重罪呢？"徐文诰闻言，知道汪汝弼有心讳盗诬良，顿感惊惧不已。讳盗诬良，是清代地方政府官员为规避处分而造成的头号恶政。徐文诰出身富豪之家，很了解当时官场的这类门道。等汪汝弼走后，他马上入城，找到好友泰安副将，通过他向汪汝弼行贿白银三千两。没想到汪汝弼不但拒收白银，还要将徐文诰扣押起来。徐文诰听到风声，连夜逃回家中。不过，对徐文诰来说，很快就有好消息传来。济南府历城县的捕役抓到了两名可疑之人杨进忠与郑二标，他们供出自己曾随同伙王大壮、王三壮等十一人于六月三十日在泰安行劫徐文诰家

---

[1] 按照清朝法律，雇工是介于平民和奴婢之间的一种身份。雇主与雇工的法律地位不平等，雇主伤害雇工人致其死亡的，不必抵命。

银两、衣饰，并用鸟枪击毙其家武士柏永柱。历城捕役从他们身上起获了套袍一件、当票两张，都是从徐家抢劫分赃所得。历城县的刑房书吏与徐文诰有旧交，遂将此事飞信告知徐文诰。徐文诰得信，马上赶到省城认赃，并抄录二盗供词，到主管一省刑案的按察司鸣冤，控告本县知县汪汝弼讳盗诬良。

没想到徐文诰运气不济。时任山东按察使的程国仁正是汪汝弼的同乡，且曾同在翰林院任职，与其长子又是乡、会二试同年，可谓通家世好、同心同气。所以程国仁一经接案，就有偏袒汪汝弼之心。他下令长清县知县戴屺携带一应犯证前往泰安，与汪汝弼会审。在大堂上，杨进忠等人据实供述，令汪汝弼大为光火，拂袖而去，单衔写一禀帖，提出该案有"四可疑"，随后亲往省城拜见程国仁，对他说："徐文诰是事主，如果不是理亏害怕，为什么要向我行贿三千两白银呢？"程国仁了解到汪汝弼拒绝贿赂一事，越发信任他的说法，遂将徐文诰发交济南知府严审。济南知府胡祖福秉承程国仁的意旨，对徐文诰及其管事族弟徐文现严刑逼供，打得徐文诰"两膝溃烂，筋骨皆现，蛆毬出入如弹丸"。因为杨进忠等人还供称曾结伙偷窃章丘县某事主家骡子，真赃未获，不能释放，是以程国仁拟写咨文给刑部，将徐文诰按照"家长殴杀雇工人律"拟以徒刑，而将杨进忠等人仅置于章丘窃骡案内，从轻发落。

但是，刑部并未被山东方面瞒过，仅仅通过阅读文书，就指出柏永柱的致命伤是"胸膛火伤一片，砂眼三十七处；脊背火伤一片，砂眼四十三处"，如果是徐文诰从内宅放枪将柏永柱杀死，怎能伤及两面？此外，火器伤人，按例拟作"故杀"，山东拟以"殴杀"，也说不通。遂驳令山东按察使重审。

部文下达后，山东方面颇为紧张。其时济南知府胡祖福已经升为登莱青道，新任济南知府钱浚变本加厉，将徐文诰拷掠逼供，并顺着刑部驳词的口风，涂抹记录尸体伤情的"尸格"，改正反两面伤为一伤，并将徐文诰从"殴杀"雇工，改为"故杀"雇工，从徒罪改拟斩罪。

见到家资丧尽，兄长又无辜拟斩，徐文诰的弟弟徐文显不得已挺身赴都，到都察院递状。嘉庆帝接状震怒，朱批："汝弼教供诬陷而苦累事主，纵盗殃民之问官比强盗更为可恶，审正后即宜正法，以快人心而饬官常。"不过，此时的程国仁已经升任广西布政使，山东按察使出缺。嘉庆帝以山东省积案如山、盗风最炽为由，起复前因剿灭白莲教不利而被革职的直隶总督温承惠为山东按察使，接审徐文诰案。

救官不救民

乾嘉名臣纪昀曾在自己的志怪笔记《阅微草堂笔记》中借阴曹书吏之口，描述当时的官场断案有"四救四不救"之说，即：救生不救死，救官不救民，救大不救小，救旧不救新。其中救官不救民一句，说的是平民百姓告官，如果告赢了，那么此前审理官员的下场就难料了，甚至会牵连上上下下一大批人；如果百姓输了，不过一人充军流放而已，与此前诸审官无涉。至于案情真伪、官吏贪廉，那就不必多问了。这样的作风，在徐文诰一案中表现得淋漓尽致。

温承惠到济南后，以招远知县魏襄署理济南首县历城知县，取代徐文诰案参与者戴屺的位置具体审理此案，并命他详细检索徐文诰案案卷，寻找漏洞。魏襄看到徐文诰案中有强盗邢进朝一人，是邢家洼人，而本县衙役中邢学孔、邢志顺二人，也是邢家洼人，估量他们乃是同宗，遂将学孔、志顺二人招入，许以重赏，命他们五日之内将邢进朝抓捕到县。到案后，邢进朝的供词与杨进忠等一致，并供出共同劫掠徐家的同伙邢泰。邢泰曾经向邢进朝借铜钱五吊，抢劫徐家分赃之后，二邢同行至章丘境内，邢进朝向邢泰索欠，邢泰答以当赃还钱。邢进朝相中了邢泰所分的女绣袄，欲令邢泰以此抵账。

邢泰认为绣袄值钱，不肯抵换。邢进朝遂将邢泰用刀扎伤肚腹，而后自行逃跑。魏襄随即将邢进朝的口供密报温承惠。温承惠命人前往章丘调查，果然查到当日受伤的无名男子，相貌年纪与邢泰一致。搜查该男子住所，有女绣袄一件、金耳挖一件、春绸搭缚一件，都是徐文诰家被盗的赃物。

温承惠就此知道本案中徐文诰确系冤枉，立意为其平反。他先令人将文诰、文现二人从监狱中放出，此举令此前承审此案的胡祖福、钱浚大觉惶恐。二人到各地散布流言，说温承惠所捕各盗到案，未经拷讯就一一招供，是贿买而来；又说柏永柱妻子美艳，徐文诰欲将其强占为妾，所以假装有盗，将柏永柱杀死。而等温承惠将柏永柱的妻子提到省城公开询问时，大家才看到这是个"麻面龋齿无人形"的妇人，胡、钱二人登时语塞。此后又有三名强盗相继到案招供，但贿买之说却越传越盛。

根据群盗供词，参与此案的盗贼共有十一人，被徐家立时戕杀一人、病故一人，已经拿获六人，在逃三人；不过主犯王大壮、王三壮都在逃亡之列，据称已经逃往吉林。按照清朝的法律，强盗案件获盗过半、证据确凿，就可以提前结案，将从犯依律定罪。温承惠恐事情有变，正欲照此办理，但巡抚和舜武为流言所惑，又欲保全初审各官的前程，必令温承惠将全部案犯都抓捕到案，再行定案。温承惠只得密令济南府捕快头目张鹏到王大壮家中，得到王母家书。张鹏为掩人耳目，从海上秘渡到吉林，找到王大壮兄弟，约其回乡看望老母。三人在前往吉林将军衙门领取入关凭证时，张鹏向将军秘密呈上温承惠的咨文，禀明内情。将军将王大壮兄弟逮捕，亲自审讯得实，派人押解回鲁。

温承惠马上提讯王大壮等人。据王大壮供称，他在历城乡间起意纠合杨进忠等十一人同赴泰安徐文浩家劫财，苦于没有路费，先在章丘宋家庄盗窃衣饰十余次，并获得了火枪两杆、药葫芦一具。王大壮因得到火器而大喜。他早就听说徐文浩家有武士柏永柱勇技惊人，所向无敌，现在得到火器，可以无惧柏永柱。三十日二更时分，王大壮等人到了徐文浩家门前，夺开栅门。柏永柱住在栅门之外的土屋内，听到声音，奔入门内，大喊："我柏永柱来也！"王大壮厉声说："来者即开火！"柏永柱应声："来者不怕，怕者不来！"随后侧身冲上。王大壮、王三壮分占夹道墙根，一齐向外开火，各伤其一面。徐文浩在堂上听到王大壮的供词，才知道柏永柱的真实死因，他在此前甚至也开始怀疑是自己的家丁从内放枪击盗，将柏永柱误杀。

王三壮又当堂供称，他们本来想抢走徐家的骡子，但事先探听到徐文显妻子的嫁妆特别丰厚,且就住在夹道尽头。他们猛推徐文显妻子的房门,因为门特别坚固,就改用砖头击打窗户,砸断数道窗棂。听到屋内有妇女说:"吾儿才数月,莫惊吓。吾自起开门,放汝等搬箱笼。"遂停手。这正是汪汝弼在徐家所见的,徐文显之妻住所的房屋门没有损坏,窗户虽然损坏但不能进人,而强盗却得赃成功的原因。王大壮、王三壮等劫掠徐文显之妻房屋后,听到后宅徐文浩兄弟已经持枪而出,仓皇逃窜,未及牵走门口的骡子。因为是弟媳的私房嫁妆,徐文浩也并不能清楚了解其颜色样式。二人所供与汪汝弼"四可疑禀"正可一一对应。

正在王大壮兄弟被抓捕归案,案情转机陡现之际,巡抚和舜武却病故了,接任巡抚的正是前次主办此案的程国仁。原案如被温承惠平反,程国仁作为前任按察使,亦有不可推卸的责任。是以程国仁接任巡抚之后,便极力阻挠翻案,庇护一干前审官员。

因为该案已成钦案,须由巡抚亲自坐堂审讯。过堂时,程国仁当面诘问王大壮,事隔已经四年,怎么能把作案细节记得如此清楚。王大壮说:"自己做事,如何能不记得?"程国仁又威胁他说:"且仔细思想,但一画供,即绑赴市曹矣!"王大壮等人当场大声说:"做强盗该杀,又枪毙事主雇工人,反累事主受四年牢狱,且闻其百万家资，十之七八已耗入官吏囊中，我辈该杀久矣！有何冤屈，希冀再容思想？"程国仁默然不语，退堂后仍然命人更改王大壮供词，称其弟兄二人放枪，都是向天上鸣放，且未装砂子，不能杀人，并借此指驳，令温承惠复审。温承惠也毫不示弱，次日即以原拟结案文件回复。

其时正值曹州、济宁二地水灾，程国仁命温承惠前往勘察抚恤。温承惠深知程国仁调虎离山的用心，欲趁他离开之时匿情结案，因此对程国仁说，勘察水患是布政使的职责，自己不能前往。程国仁见温承惠不肯屈就，必欲除之而后快。时任山东兖沂道的童槐正要擢升江西按察使。因为童槐是程国仁儿子的同年，程国仁遂与之密谋，寻机倾陷温承惠，以童槐相代。另外，山东布政使岳龄安是敦厚持正之人，虽不便与程国仁公开异议，但事涉徐文浩案，须由布政使会议之处，岳龄安亦不肯附程国仁之意，使其不能为所欲为。因此程国仁与童槐商议，俟其调回山东，接替温承惠之后，再合击岳龄安，令童槐取而代之。

嘉庆二十四年八月初六日，程国仁赴山东乡试任监临官，童槐北上陛见。程国仁在奏报考试完竣的奏折内密置夹片，参奏温承惠曾任总督，不甘受人节制，并自作哀怜之语，请求将巡抚之位让给温承惠。与此同时，童槐在热河见到嘉庆帝，历数温承惠在山东如何目无上司、不服差遣。嘉庆帝震怒，将温承惠革职，命童槐接任山东按察使。程国仁随即奏请回避徐文诰一案，由童槐代为审理。

温承惠临行之时，到布政司衙门和岳龄安执手相别，并嘱咐他："徐文诰案能办到今日，都是陵县知县赵毓驹的主意，我走之后，恐怕有人会拿赵毓驹泄愤。毓驹有八十老母在堂，须加意保全，不要让他落到遣戍万里的下场。"岳龄安表示当接续温承惠之志，如果自己能平安留在山东，一定尽力而为。温承惠离开济南之日，程国仁先到城外馆驿等候，济南城数万百姓沿途咒骂，以致仪仗不能顺利通过。程国仁恐生意外之变，只得返程回署，甚至来不及依照官场礼数给温承惠送行。童槐上任仅八日，就弹劾温承惠在任一年之内组织全省审结两千七百余案，其中四案系错案，且滥禁无辜，以罪人充当捕役。弹章上后，有旨将温承惠发遣伊犁。

至此，程国仁认为自己已经能够一手遮天，遂决议将徐文诰案再次翻盘。他先调武定府知府王果复审。王果因曾得到温承惠的赏识，不肯附和程国仁，仍照温承惠原拟上报。程国仁将王果撤差，改派登州知府杨世昌审理。杨世昌也是温承惠许可之人，到济南后只坐一堂，就称病不出，一拖就是一个多月。程国仁不得已，与童槐密谋，命一亲信官员署理济南府。新审官对犯证严刑逼供，教供诬良。

有一天，徐文诰坐在衙门阶下候审，有温承惠在任时抓捕的其他案件的强盗被从阶前押过。强盗问他："你就是徐文诰吗？"徐文诰应声。强盗忽然高举枷锁向徐文诰头上砸去，骂道："畜生！为汝故，坏我山东数十年未见之好按察，畜生还敢靦颜见人！"承审的署理济南府见此情形，也觉无地自容。

外间风气非一人能变

徐文诰知道大事不好，寻机越狱而出。程国仁料到他一定会北上京控，就派戴岊前往追赶，但已经来不及了。嘉庆帝见到徐文诰的冤状，派钦差刑部侍郎文孚等人带徐文诰返回山东，将此案全盘重审。程国仁等接阅邸抄，手足无措，只能紧急根据温承惠原拟的奏稿，略加删削，用童槐的名字具稿。全稿长七千余字，程国仁熬了两昼夜完成后，急召童槐到巡抚衙门一起拜发上奏。

奏折发出去仅三天，文孚等人就到了济南境内，提审一堂后就将徐文诰释放、王大壮等照强盗律斩首。初审官汪汝弼被遣戍新疆，其他初审的承审官员，根据程国仁、童槐的奏议，重者革职，轻者降级。不过覆审济南知府钱浚与协办大学士胡璥有姻亲，此时正在河南组织马营坝的合拢工程。胡璇将钱俊、胡祖福二人列入合拢有功人员名单之中，二人的官位不久就被恢复了。

此案经一次部驳、两次京控，才得以大白。承审、核转官员多达十余人，其中亦不乏温承惠这样的廉干之辈。但即便在人赃俱获、严旨查办的情况下，冤案在省内的平反仍然异常艰难，其中最大的原因是不能得到巡抚的支持。先是，以"治狱明"著称的巡抚和舜武在接到温承惠详文时，"虑问官咎不可任，必欲监候待质"。所谓"虑问官咎不可任"，即是对第一轮审转程序中出入人罪各官的瞻徇回护。至于程国仁就职、温承惠离任后，追求平反的一方在省内更是全无力量，即便派审官员良心尚存，也不敢通过更激烈的举动顶撞抚、臬，面对全省的官僚系统，只能消极抵制而已。清代地方审转系统设计的初衷，在于层层设障，以驳审的方式监督下级，避免冤狱的发生。但从此案可知，嘉庆后期的山东省内，在遇到冤假错案时，已经形成上下一气、官官相护、善消恶长的局面。纵观此案，以阿桂所说的"外间风气非一人能变"来概括温承惠的遭遇，可谓至矣。

在这种情况下，京控并由北京派刑部能员赴审的重要性被突出出来。徐文诰案先经部驳，山东方面根据刑部驳词中的疑问篡改尸格，不但没有查明真相，还将徐文诰由徒罪改拟斩罪。徐文显赴京呈控，此案获得重审的机会。重审几经周折，当程国仁等人仍欲回护原审时，徐文诰本人越狱进京控告，程国仁命人追之不及，见邸抄有"文孚等驰驿带回徐文诰赴东之旨"，就不敢再坚持下去，可见重案犯人京控，特别是京控后由北京派出钦差审理对地方官的压力之大。所谓"仰烦圣虑，星使交驰，问官府道以下联袂赴戍"，中央政府对地方的权威尚在。

不过，地方京控—钦差赴审的模式虽然对申雪民冤、抑制地方官上下回护颇有效果，但弊病亦复不少。乾隆年间，地方上一旦有大案付诸京控，朝廷多采取钦派军机、部院大臣带领刑部司官、刑部仵作前往审理的做法。嘉庆年间，京控案件日益增多，嘉庆十四年不得已而有上谕："近年控案愈多，都察院步军统领衙门每隔数日辄有封奏，若皆派员前往，不胜繁扰。且京外并重，部院中亦需人办事，不便多令旷职。"嘉庆帝指出钦派廷臣审理京控大案有两点麻烦：一是地方"不胜繁扰"，二是部院办事需人。其中以第一点尤为重要。

钦差派往地方审案，随行人员的一切公、私开支都要由地方承担。地方官往来迎送、殷勤接待，甚至馈赠礼品金银，都是题中应有之义。张集馨记载道光十九年刑部尚书隆文带领司官赴山西审案时说："向来钦使将次到省，首府即出具领结，赴司请借办公银两万两，事毕摊派各属归款，大约每次摊派俱在三五万金。近来星使皆不肯收受盘费，俟到京后会总送宅，历来如此。"乾隆末及嘉庆中前期，钦差所花的费用未见得有如此之多，然亦必不少。嘉庆十二年，军机大臣英和等人钦差审案。英和回京缴旨时，嘉庆帝说："汝之自爱，朕稔知之，此次地方供顿当不致过费。"英和回奏："虽侨居两月，地方所费恐不免盈千累万。"嘉庆帝对此表示十分不可思议。英和解释说："臣之仆御及马夫不过八人，蒋予蒲亦同，司员四人又各递减，然公馆中不能无应役者，加以巡捕、兵丁、书役等人逐日听候，所有饭食皆地方供应，其费安得不多？"

地方积案累累的一个重要原因就是州县办公经费不足，本衙门和上司衙门的供应使费需要由当事吏役人等承担，以致其苛索犯、证，遂有搁案之弊。外派钦差审案，无疑是给本来经费紧张的地方官署再添重负，造成恶性循环。是以英和在此次派审后恳请皇帝："嗣后除督抚被揭被控不能不用钦差，此外悉交督抚审办，若不能办，朝廷安用此大吏？倘审办不公，难免复控，自有典刑在，谁能逃之？"皇帝一定程度上认可了英和的看法。嘉庆中期以后，京控大案如初控不涉及督抚，则多先发本省督抚审理，如行复控，再派钦差。

但事实上，督抚接到京控案件发审的谕旨后，大多仍将案件发本省臬司；臬司则委之首府或其他府县官员，很少由督抚或是臬司等高级官员亲自审理。即便像徐文诰案那样，由温承惠这样勤于政事的臬司亲审，且现任巡抚和舜武与该案初次审转毫无瓜葛，也难免出现巡抚为了维护省内官场融洽而回护前审的情况，办案效果远不如从京城派遣钦差大臣，并随带刑部得力司官那样毫无顾虑、专业可靠。

附记：本文部分内容曾发表于2016年3月3日《澎湃新闻·私家历史》，原标题为《官官相护的司法黑幕：一桩入室抢劫案竟然审了四年》。

一场震惊御座的反转剧：嘉庆年间直隶迟孙氏京控案

从乾隆中后期起，京控，即民众绕开县、府、省等一系列司法等级，直接到北京告状，成为国家政治生活中的一个大问题。按照当时的交通、通讯条件和一般百姓的生活水准，从边远村庄进一趟县城，尚且是个"大工程"，至于"上京告御状"，更要耗费巨大的人力、物力成本，普通民众甚至富裕人家，都要经过多方筹措才能实现。在这种情况下，大量京控的出现意味着地方政府的控制能力已经非常衰弱，面对治下子民毫无公信力和权威性可言，抱屈含冤的百姓必须通过京控这样成本极高的方式把事情搞大，案子才能够引起政府重视，继而获得尽快解决的可能性。嘉庆皇帝即位伊始，就意识到，京控百姓"长途跋涉，远至京师，自必有迫于不得已之苦情。若地方官秉公研审，不稍回护，小民冤抑得伸，岂肯远涉控诉？"为了肃清吏治、安抚百姓，嘉庆帝对京控案件非常重视，要求负责接收呈状的都察院、步军统领衙门二机构将京控大案随时上奏；一般案件也要按期汇奏，由皇帝亲自批阅，作为"钦案"，或派钦差大臣审理，或交地方最高行政长官亲自处理，不许地方官层层下派推诿。不过，久居宫中、受了大半生儒家正统教育的嘉庆帝显然低估了社会的复杂性。他万万没有想到，自己的勤政忧劳、关切民隐，竟成为京控案越来越多的诱因之一。在皇帝的一喜一怒都是各级官吏为政风向标的政治格局下，引起皇帝高度重视的京控成了近京地区乡间无赖拖仇家下水、要挟地方官府的工具。真正"屈抑无申"的"穷民之隐"，限于苦主窘迫的经济状况反而难以上达，而所谓"捏砌重情，冀图耸听"之辈，却屡屡得逞，上演了一出出荒诞离奇的活报剧。

冤沉似海的惊天大案

嘉庆二十年四月，北京的都察院忽然接到直隶河间府属宁津县民妇迟孙氏的控状。迟孙氏控告本县无赖贾克行于上年六月将十四岁长女迟二姐强奸，又贾克行之侄贾九儿将十岁幼女迟坤姐强奸。孙氏自己先已在本县告状，知县不但不将贾克行等究办，反而迫使她与贾克行等和息，她不从，而遭掌嘴之刑，所以不得已京控都察院，请求天子做主。强奸幼女、知县压案，以致苦主赴京告状，面对这样冤沉似海的大案重案，都察院不敢耽搁，匆忙写了奏折，连同状纸一起呈递到嘉庆皇帝御前。

嘉庆帝看了都察院的奏折，勃然大怒，即刻下旨给坐镇保定府的直隶地区最高军政长官——直隶总督那彦成，言辞甚为严厉，要求他"务即提同全案人证，严切根究，按律惩办，毋稍瞻徇。如那彦成不能将此案实情剖判明确，朕即将此案交刑部提讯，并将该督加以惩处，决不宽待"，并让他"先将大概情节迅速覆奏，以慰廑念"。

那彦成接到上谕后，感到万分惶恐，连忙上奏，声称自己马上查阅了档案，此前宁津知县并未将此案报省，只是在本年二月，原告迟孙氏曾到总督衙门控诉，自己批令按察司转饬河间府严加审办。不过河间府尚未将此案提审，迟孙氏就又到京城控告，所以未及问明案情。

嘉庆帝接到那彦成的奏折，更是怒不可遏，当即下旨将其痛斥。嘉庆帝表示：迟孙氏既然已经到总督衙门控诉强奸幼女重案，那彦成身为总督，就该一面将压案不办的宁津知县革职题参，一面亲自提审，即便另有其他重要公务，也应该委派主管全省刑狱事务的按察使迅速提审，竟然仅仅批交河间府审讯，以致事情辗转延迟，令迟孙氏负冤京控，实属"因循疲玩"。嘉庆帝经过天理教攻入紫禁城事件后，对官场"因循疲玩"的风气痛恨之至，在此亦对那彦成狠狠批道："犯此四字，朕必不恕！"随后再次下令，命那彦成"遵照前旨，迅速提集犯证，审拟具奏"。

在皇帝的疾言厉色下，直隶方面马上组织司、道、府、县一众精干官吏，将此案原告、被告双方及相关证人齐提到省，除原告迟孙氏正在患病、暂缓提审外，先将贾克行叔侄并迟二姐、迟坤姐等人一体审讯。在总督率领司、道、府等一众官员会审的大堂上，贾克行只肯承认自己与迟孙氏及其十四岁的女儿迟二姐通奸，但坚决不认强奸；贾九儿也只承认与迟坤姐通奸，不认强奸。审官将迟孙氏的公爹迟子礼提到，与贾克行当堂对质。可正是迟子礼上堂的一番口供，令那彦成万分惊讶，案情也陡然向众人预想的相反方向转去。

瞠目结舌的案情反转

那位迟子礼长得一副老实庄稼人模样，上堂后即痛哭不止，没等审官问话，反而问会审官员："我这儿媳打官司之后能回去不能回去？若大人们仍放她回去，我断不敢说实话。"会审官员当即面面相觑，诧异迟子礼身为受害人家属，何出此言。惊疑之下，那彦成开导他说：

"你孙女迟二姐、迟坤姐都被贾克行等人强奸，贾克行乃是你的仇人。你要据实指证，才能治贾克行之罪。你现在反而问儿媳能否回家去，是什么意思呢？"迟子礼连连叩头说："我前次到河间府和按察司控诉此案，是被儿媳迟孙氏逼迫而来的。迟孙氏平时淫荡凶狠，对我朝打暮骂。见她召集一众奸夫在家饮酒作乐，我也不敢过问。孙女迟二姐、迟坤姐两个，早被其母糟蹋，但是否被贾克行等人强奸，我实在不知情。我儿子迟象臣窝囊不成器，被儿媳迟孙氏逼跑，现在不知去向。嘉庆十八年六月，迟孙氏跟邻居迟子选争吵，声称要打官司，我上前劝阻，被迟孙氏用镰刀砍伤头面。我先到县衙门控告，被族人迟益三等人劝说，将状纸撤回，现在宁津县仍然有卷宗可查。嘉庆十九年六月二十日，贾克行与迟孙氏打架，被人劝散。第二天，迟孙氏就让我带着孙女迟二姐，和族人迟梦云一起到县里控告贾克行强奸迟二姐、贾九儿强奸迟坤姐。行至半路我生了病，迟梦云就独自带着二姐到县里喊冤。知县尚未审结，迟孙氏又让我和迟梦云带着二姐到河间府告状。我害怕迟孙氏刁蛮泼辣，不敢不听。我家中原本有几亩地，现在都被儿媳卖尽花费。她若这次再回家去，我断断不能活命。"

问过迟子礼后，那彦成等人又提审了迟孙氏长女迟二姐。二姐现年十六岁。她上堂后说："母亲迟孙氏平时与贾克行、迟梦云、迟梦龙、迟象明等都有私情。我与妹妹迟坤姐也各与贾克行、贾九儿、迟柱儿、迟梦龙等有私情。六月二十日,贾克行向母亲讨要代垫米钱,母亲不给,二人打起架来。迟梦云等因为向来与贾克行争风打架,遂挑唆母亲控告贾克行将我强奸、贾九儿将坤姐强奸,并嘱咐我到官不许说实话,否则定要打死。第二天,我随祖父与迟梦云到县城告状,祖父半路患病,我只跟迟梦云到县衙门。县官还没有审结,就又随迟梦云再到河间府、按察司控告。今年正月,我又同祖父、母、妹、弟、迟梦云、迟梦龙共七人到保定居住。在告状途中,母亲与宁津县代书[1]李有俊、仵作王某二人又生私情。"

随后那彦成等人又当堂提审贾克行、迟梦龙及一干迟氏族人,所供与迟子礼祖孙相同。将全案犯、证审过之后,审官们意识到新暴露出来的案情不但与迟孙氏原控,特别是皇帝的意旨南辕北辙,其情节之离奇荒唐更在意料之外。是以此案虽经由那彦成本人,连同按察使盛泰、保定府知府阿霖、定州知州张孔源、饶阳县知县陈晋、候补知县何继志等连日提审,但直隶方面仍不敢自信,很快又加派布政使钱臻、清河道韩文绮、候补道

---

[1] 受官方委托的代写状纸人员。

李于培等人多次复审。各犯、证供述如前。无奈之下，那彦成只得小心翼翼上奏称："现将本案仍督同司道等秉公虚衷研审，按拟具奏。总期无枉无纵，不敢稍存成见，自蹈重咎。至该县陈鸿猷如此昏聩糊涂，阘茸废弛，臣平日毫无觉察，未能及早参劾，实切悚惶，容俟定案时请旨将臣议处，以为不能察吏者诫。"嘉庆帝看到奏折内陈述的案情，惊疑之下亦无可如何，一改此前疾言厉色督促严办的口气，只批一个"览"，等待那彦成的下文。

又过了将近一个月，直隶方面最终给出了结论，其所审情节与前次所奏完全相同。那彦成等人依照律例给涉案人犯拟定罪名，其中迟孙氏通奸、诬告故然有罪，而先曾将其公爹迟子礼殴伤一事，更属罪大恶极，应依"妻殴夫之父母者斩"律，拟斩立决。迟梦龙诱奸十二岁幼女迟坤姐，虽属和奸，视同强奸，拟绞监候。贾克行照"凶恶棍徒屡次生事、行凶扰害"例，拟杖一百，发极边四千里安置。其余人等均各依律或徒或杖，分别责处。至于宁津知县陈鸿猷，不但未能将迟孙氏控告贾克行一案审明，且对此前迟孙氏殴打公爹迟子礼这样的逆伦重案率意和息，甚属昏聩糊涂，非一般出入罪名可比，除革职外，加重发往新疆效力赎罪。

插曲：对一个"惧内庸夫"的道德审判

嘉庆帝接到奏折，将其发刑部覆核。刑部认为，直隶方面对本案的审理忽略了一个重要人物，即迟子礼之子、迟孙氏之夫迟象臣。结案奏折在提到迟象臣时，只轻描淡写说他与迟孙氏不和，被"逐出无踪"，非常含糊其辞。想那迟孙氏淫凶之至，不但交结奸夫十余人，更将其公爹迟子礼用镰刀砍伤，迟象臣即便与其不和，又何忍弃老父于不顾，消失得无影无踪？难保不是被迟孙氏与奸夫等人合谋杀害，岂能就此置之不问？嘉庆帝看过刑部的意见，颇觉言之成理，以未能将此案紧要情节审出就率行定案为由，将那彦成及按察使盛泰交吏部处分。

那彦成接到驳文后愈加惶恐，因迟子礼患病已被释放回家，只得重新提讯迟氏族人。随后他得知迟象臣被迟孙氏逐出后，在离家四十里外的南皮县堤桥村给人帮工，本年四月有人在该处见过，九月在宁津县城也曾见过，可证其并未被害。那彦成一面派人前往南皮、宁津二县寻找迟象臣踪迹，一面加紧向皇帝报告迟象臣仍在人世的消息。

对于这个窝囊之至、夫纲不振的迟象臣，嘉庆帝颇有怒其不争之恨，下旨称："闾里小民，因妻室不守妇道，教训不悛将其休弃,是为事所常有。今迟孙氏淫凶不法,迟象臣不能约束,竟至为妇所逐,无能无耻已极。且远避不归,置伊父迟子礼于不顾,尤为不孝。"他命那彦成在抓住迟象臣后,将其提到法场,先责打四十板,再令其亲自观看其妻迟孙氏被斩决的场景,以为"惧内庸夫"之诫。不过,被派往南皮、宁津二县的官员并未及时找到迟象臣,为防迟孙氏在处斩之前自杀,那彦成请旨先将迟孙氏行刑。一个月后迟象臣在山东乐陵县一所寺庙内被发现,虽免于法场观刑,但仍被杖责四十板后,才放回家中。一场历时数年之久,迫使皇帝数下谕旨、自食其言的惊天大案,就此收场。

图准不图审:反转剧里的京控弊端

京控案件过多是困扰嘉庆一朝的大问题。皇帝和内外大臣也曾认真分析问题产生的原因,并着手解决。解决的方法无外乎有三:第一,严饬地方官清理积案、勤于政事,减少百姓蒙冤的可能性;第二,要求都察院、步军统领衙门等在京"接控"衙门定期、及时上报控案,不许压搁隐瞒;第三,则是皇帝自己兢兢业业,对京控大案亲阅亲批,指示不断。

不过,性情颇为忠厚的嘉庆帝对社情人心和地方官场生态的认识与经常"出门在外"的曾祖父康熙皇帝相比尤显不足。康熙帝早年出巡时,对那些以小事"拦舆"的百姓并不怪罪,是以出巡时沿途控诉者越来越多,且多系户婚钱债之事。康熙帝逐渐意识到自己亲收呈词的危害,遂在出巡时告诫侍卫说:"此断不可收览。民人果有冤抑,地方督抚等官尽可申诉。今因朕巡幸,纷纭控告,不过希图幸准,快其私怨。一经发审,其中事理未必皆实,地方官奉为钦件,辗转驳讯,则被告与原告,皆致拖累。以小忿而破身家,后悔无及矣。"意思是说,皇帝的话是金口玉言,一件民事小案,一旦经过皇帝的指示,对地方官来说,也成了泼天大案,要加紧从严办理,这样很容易助长无赖刁民的诬告之风,反而让老实人受到拖累,甚至因为一点小事破了身家。皇帝的初衷虽是好心,却也办了坏事,让正常的制度体系丧失了权威性。

按照日本学者寺田浩明的说法,与西方的"正义型审判"不同,清代的审判是一种"申冤型审判","申冤"是中国传统司法的一大特色。一个重要的表现是,根据清代的法律,案件无论大小,并无明确的终审制。换言之,一件案子,只要原告、被告双方中的一方认为官府处理不公,自己"蒙冤",就可以无限次控诉,以求申雪。与此相配合的,是清代对于越诉的处理非常轻微，京控乃至"告御状"被认为是合情合理合法的选择，地方官无权阻拦。皇帝作为终极的"青天"，为民做主，是君主合法性和权威性的重要表现，内外官员如果进行阻拦，不但不符合官箴，且会被视为"壅塞圣听"，是严重的政治错误。当然，地方官基于自身考绩的考虑，自然不欲境内百姓京控，但从现有的材料上看，受制于技术手段和财政规模，激烈高效的"截访"行为在清代似乎并不普遍。

在这样的制度背景下，一方面，京控在清代的法制体系中，确实承担了相当重要的"校正功能"，许多震惊朝野的冤假错案，都是通过京控的方式被揭发出来，并最终大白于天下。但另一方面，明清时期民间构讼，向有"图准不图审，包准不包赢"之说。即乡间无赖与人有怨，即到各级衙门告状，并买通衙门书吏准状，迫使被告之家四处应付官司，遭吏役敲诈，无论有理无理，三年五载必然倾家荡产。法律对诬告者虽有反坐的条款，但如果原告系老幼妇孺、赤贫之人，最终往往以其无知愚弱为由，不予处罚或从轻处罚。嘉庆皇帝对京控的高度重视，使"图准不图审"的弊端有扩大趋势。近京各省的无赖动辄京控诬告，且多以妇女、老人充当原告，规避处罚。地方官如同提线木偶一般，任其辗转诉讼却不到案听审，直至做成钦案，处分贬谪接踵而至。一些大富大贵之家尤惯以京控要挟府县官员，使其在办案过程中畏首畏尾；而在省的督抚大员因为屡屡接到从北京发回来的本省京控案件，不断调动擅长审断的府县官员到省城审案，地方正常的司法秩序遭到严重破坏，官方和民众的司法成本都大幅提升。宁津县迟孙氏一案即是明证。

事实上，在清代这一君主专制，司法、行政一体，官僚系统内自上而下实行单向监督的政治体制下，欲保留京控制度的正面作用，降低其负面影响，是一个无解的难题。今天，我国已经明确实行两审终审制，但涉诉信访的大量存在导致"终审不终"的现象仍然不少见，司法的权威性和终局性被严重削弱。这一问题应如何解决，值得当今的法学家和法律工作者以史为鉴，慎思慎行。

附记：本文部分内容曾发表于2016年6月28日《澎湃新闻·私家历史》，原标题为《一出震惊御座的反转剧：清廷如何处理上访案》。

人情难却：道光年间的一件刑部舞弊案

道光元年七月初二，刑部汉尚书韩崶到部坐堂，有直隶司的首席满司官——掌印郎中舒通阿持一案件的文稿上堂，请他批示意见。舒通阿上报的是一件命案：宛平县民妇李刘氏，在都察院控告当地富户傅大指使伙计武三将其夫李大打死，宛平县不为究办。都察院将此案移交刑部，抽签分到直隶司审理。舒通阿向韩尚书表示，现在案子司内已经审讯明白，李大确系被武三殴打后重伤不治，当时傅大并未在场，与李大之死毫无干系，村邻刘王氏愿意作证。虽然死者李大之妻李刘氏还是不服审断，但刑部仍可行文顺天府转饬该县，强令她到县衙领取棺材，将死者下葬。

韩崶是当朝首屈一指的律学名家、断案老手。他只简要听了舒通阿的汇报，就心生疑惑。按照刑部的惯常做法，命案必须审结以后才能令死者亲属领棺收尸，断断没有案情未清，就催着领棺材埋人的道理。此外，直隶司有满、汉司官多人，此案事关人命，何以只有舒通阿一人上堂回话？想到这里，韩崶慎重起见，当场拒绝画稿，将舒通阿的呈文驳回，令其再审。

果然，没过多久，直隶司的首席汉司官——主稿司官梁恩照，就愤愤然向韩崶面禀，抱怨舒通阿办理此案独断专行，不但不将被告傅大收押，还不认真审讯，本司其他官员有不同意见，他也拒不听取，恐怕其中有营私舞弊的勾当，请部堂大人另行派员审理。韩崶当即意识到事情的严重性，马上与管部大学士戴均元、满尚书那彦成商议，将此案改交刑部贵州司审理，并派部内以精明强干著称的秋审处司官，前往贵州司会审。

从上下其手到真相大白

复审官员接手此案后不久，便查出实情：被告傅大家境富裕，在本县有祖坟一座，傅大想让住在坟地旁边的李大为其看坟，于是派自家伙计武三向李大说明，并许给地五亩、房三间，李大含糊应允。

道光元年二月二十八日，傅大、武三与李大在村口路遇。李大称，需再加五亩地，才去看坟。见李大反悔，武三怒不可遏，向前几步揪住李大扭打起来，又在傅大的怂恿下，就地捡起一石块，打破自己的额头，打算栽赃到李大头上。李大见势要跑，傅大命武三将李大追回。武三一路追去，连殴几下，李大站立不稳，向前一扑，狠狠跌倒在地，当场死亡。

傅大恐怕干犯重罪，央求武三到官后一人顶罪，将自己开脱出来，并许诺日后照看其家属。武三答应。傅大又找到李大的妻子李刘氏行贿说和，许给李刘氏京钱[1]五百吊、地三十亩，求她到官后不要供出自己，但被李刘氏拒绝。很快，地保将命案呈报到宛平县衙。傅大赶忙托宛平县公差花京钱三百吊，买通了宛平县的刑书、仵作，又贿赂目击人王刘氏替自己作伪证。

三月初一，知县前往验尸。仵作范志见李大尸身鼻窍有食物，大小便失禁，又因先前收了贿赂，便将李大身上致命的左耳近上拳伤及左右腿磕碰伤，都隐匿不报，只喝报说"内损身死"。李大之妻李刘氏不服。次日再验，仵作仍报伤如前。知县因其所报与《洗冤录》内"内损"情形相符，遂定为"内损身死"，李大耳根等处的伤势仍未验明。

李刘氏不服，于三月十二日到都察院呈控。都察院将此案咨回顺天府，改交宛平的邻县大兴县审办。大兴县差役马亮是傅大的至亲，遂从中作梗，使审期一再拖

---

[1] "京钱"是与"制钱"相对的说法，即清代流行于北京及其周边地区的一种价格标准，以一枚铜钱当制钱二枚使用。

延。李刘氏无奈，再次到都察院呈控。都察院遂将此案送到国家最高级的法司衙门——刑部审理。

复审结果与舒通阿所报出入如此之大，令韩崶等刑部堂官大为吃惊。寻常一桩命案官司，身为刑部直隶司掌印的舒通阿，竟然刻意不按程序办理，接案后既不将主使正凶傅大收监，又强令家属买棺结案，内中必有隐情。韩崶等人马上下令，命复审官员昼夜熬审原案人员及刑部直隶司办案书吏，务必问明内中情弊。

熬审过程中，傅大拒不招供，但直隶司书吏王虪棠却供认，傅大到案时，曾有本部云南司主事兴贵向自己行贿，委托照应傅大。复审官员以此为突破口，再审傅大。傅大见王虪棠招出兴贵，也只好承认与兴贵一家是世交，此前通过自己嘱托直隶司书吏照顾属实，但对于如何买通舒通阿一事，仍不承认。

韩崶等人于是上奏请旨，将本部司官舒通阿、兴贵一并革职，严加审讯。案件既经上奏，就变成了重大钦案。在道光帝的支持下，刑部从兴贵、舒通阿二人入手，再次系统审理了这件原本情节简单、但牵扯进朝廷官员的大案。

事实上，当年五月中旬，傅大听说案子已移交刑部，即欲在刑部内打点。可如何能与刑部大员攀上关系呢？他想起了自家世交——兵部侍郎哈丰阿。傅大当即面见哈丰阿，求其转托在刑部云南司当主事的儿子兴贵打个招呼。哈丰阿念及交情，就答应下来。

然而，哈丰阿与刑部直隶司掌印司官舒通阿并不认识，难以讲话。兴贵年轻初来，也难与隔着司的资深掌印交谈。琢磨多日，哈丰阿忽然想起，自己在兵部的下属郎中庆恩在调到兵部以前，常年在刑部任职，应该与舒通阿熟悉。不过，庆恩刚到兵部不久，哈丰阿自己虽然是长官，也不便直接向其说情，遂叫来庆恩之弟、也在兵部任职的员外郎庆志，说自己的世交傅大因为武三命案被谎告拖累，现在刑部直隶司审办，让他告知庆恩，如果认识直隶司掌印舒通阿，就求其帮忙照应，早日结案。

庆志回家向庆恩告知。庆恩遇到舒通阿后，又照哈丰阿之意说明。舒通阿当即答复：此案正在提取文卷，傅大尚未移送刑部。

几日后，傅大到案，与武三等人串供，一起声明自己确实不在伤人现场。因有庆恩之言在先，舒通阿也并未将傅大收禁刑部监狱，而是仍交回大兴县收押。至此，傅大、武三等都已画供，唯李刘氏仍坚称其夫尸身有伤、原验不实。舒通阿随即缮写稿片禀告堂官，请求堂官下达文书给顺天府转饬大兴县，下令受害人亲属领棺结案。

这边，唯恐单走舒通阿的路子不够，哈丰阿又命其子兴贵在刑部活动，嘱托刑部云南司皂役胡泳兴，由其向直隶司书吏王黼棠等人嘱托，并令傅大给胡泳兴京钱二百吊用作打点。此后，兴贵探知舒通阿并未将傅大收禁，且未向自己索贿，遂起意敲诈，屡次向傅大声称，舒通阿帮了大忙，必须重重酬谢。事实上，傅大先后送来的京钱六百吊都由兴贵私吞，舒通阿并未见到贿赂。

事已至此，刑部只得将涉案诸人按律定罪，请旨定夺。道光帝下旨，主犯傅大依威力主使他人殴打而致死，拟绞监候，秋后处决；武三为从犯，拟杖一百，流三千里。

涉案人中职位最高的兵部侍郎、二品大员哈丰阿，道光帝对其恨憎至极，痛斥他身为二品高官，结交傅大这样的市井无赖，已经廉耻丧尽，居然还让儿子辗转向刑部承审官员求情，实属辜恩负职，理当严办。于是下旨将哈丰阿发往乌鲁木齐效力赎罪，其子兴贵也随父一并发往新疆。

主审此案、徇私枉法的刑部郎中舒通阿，按律虽然只应在主犯傅大绞罪上减二等，断为杖一百、徒三年，但因其身为刑部承审命案官员，竟敢瞻徇别部大员情面，险些令正凶漏网，理应从重治罪，请旨发伊犁效力赎罪。

至于兵部员外郎庆志，听从本部堂官哈丰阿指使，通过其兄庆恩转向舒通阿请托，兄弟二人均属有罪，现在庆恩已经革职，念庆志情节稍轻，可免予革职，开复原官。此外，宛平、大兴、刑部收受贿赂的书吏、衙役，均按律定以徒、杖等罪。宛平知县受仵作蒙蔽，断案不实，也被交吏部议处。

刑案中的人情难却

一场惊动御座的大案就这样尘埃落定。撇开傅大、武三这两个倚仗财势、杀人行贿的无赖不说，单看涉案的几名官员，除了受贿说情的兴贵，其他如哈丰阿、舒通阿，以及庆恩、庆志兄弟，都并未收受贿赂，只是碍于人情，就不问缘由，帮助傅大压和命案，最终牵连在内，或被遣戍或被罢官。

碍于人情，是清代刑案舞弊中一个非常常见的问题。在许多惊天大案里，真正收受贿赂的官员并不多，大都是囿于亲戚、同乡、科举同年、官场同僚等千丝万缕的人情关系，而陷入其中。这是传统中国人情社会的写照。

一般而言，这类碍于人情造成的刑案舞弊，更多的是体现在地方基层政权当中。一方面，地理范围越小，范围内的人与事利益关系就越大。以州县为例，虽然官员是外来的流官，但衙门里的书吏、衙役都是本地人，与原告、被告双方容易产生利益关系，从而干涉、左右案情。另一方面，品级相近、关系相熟的官员容易通融枉法，而品级悬殊、交往较少的官员，彼此间坚持原则的可能性更大。

因此，相对而言，高居中央的刑部，地位要超脱一些。首先，刑部地处京城，与各省路途遥远，以当时的交通通讯状况，较难和各级地方法司串通。其次，刑部官员与地方法司的考绩追求完全相反。清代议处制度设计的连带性过强，容易造成地方官内部上下遮掩、官官相护。比如命盗案件疏防处分，除处分对此负有直接责任的州县官及当地绿营武官外，向上要一直连带处分到知府、道员和绿营副将。是以州县官讳盗，即便被上司发觉，也未必肯揭发。相对于地方官，刑部官员在处理咨题奏案时，受到处分的可能性要小得多。从雍正末年起，刑部司官如果将情节不实的错案驳改，还可以获得记录两次的奖励。这与地方官妥办刑案是职责分内、一有出入即遭到处分的境遇形成鲜明对比。

不过，此案原告、被告双方都生活在北京城的附郭县——宛平，其中一方又是本地大户，这是刑部官员也被牵涉其中，成为傅大等人贿买对象的重要原因。另外，傅大虽然并不直接认识本案的审讯者舒通阿，但却与一位满洲高官——兵部侍郎哈丰阿相熟。满人，特别是其中上层多居京，相互之间有密切的婚姻圈联系。他们进入官场后，也和传统的汉人士大夫一样，通过科举同年、官场同僚等仕宦关系相互熟识。因此，相对于汉族京官群体，满洲京官在婚与宦的双重作用下，人情联系更加紧密。此案中的哈丰阿，作为一个与案件审理毫无干系的兵部侍郎，在很短的时间内，就转托多人，实现了为傅大说情的目的。幸而最终遇到与这个人情圈毫无关涉、肯秉公办事的刑部尚书韩崶，案件真相才浮出水面。

刑部的纠错机制

然而，从另一个角度来看，清代刑部的"纠错"机制还有颇多可以借鉴之处。

首先，嘉庆以后，刑部各司形成满人掌印、汉人主稿、满汉并重的局面。本司的重要事务，都要由掌印、主稿商量处理。如果有人试图打破这种局面，就会被视为"专擅"，乃至另有隐情。本案舒通阿是直隶司掌印，是该司的"一把手"。按照刑部各司稿案呈堂的程序，掌印用印钥换回司印，加盖在文稿上，是回堂前的最后一个环节。如果掌印本人有作稿回堂的能力，且为人专横，罔顾同司官员的意见，就可以做到独断专行。不过，各司另设主稿司官之后，虽然掌印在体制上仍然具有司内最高地位，但主稿的汉官通常在业务能力上更胜一筹，二者形成势均力敌的格局，可以相互制衡，类似舒通阿案这样的情弊才有机会被及时发现并纠正。

此外，到了嘉庆年间，刑部的法律专业化程度已经非常之高，六位堂上官（即满汉两尚书、四侍郎）中择一在部最久、经历内外的资深法律专家，作为"当家堂官"，每日到部理事看稿。其他堂官，无论本身地位如何尊崇，在政务上都要以当家堂官的意见为主。比如首先揭发此案的尚书韩崶，从二十岁起就在刑部任职，后外任知府、按察使等地方官，不数年而回任刑部侍郎，为官五十余载，绝大多数时间都从事断狱问刑的司法工作。韩崶办案夙以逻辑严密著称。在韩崶从刑部司官外放知府时，管理刑部事务的大学士阿桂与他执手告别，喟然叹息："部中作稿尚有丝丝入扣如君者乎！"这样资深的阅历、严谨的性格，使韩崶虽然仅是汉尚书，但在刑部内具有绝对权威，排位在他之上的管部大学士戴均元、满尚书那彦成，都唯他马首是瞻。因此，此案虽事涉满人大员，但部内满官亦不能稍有掣肘。

在清朝中后期人的眼中，刑部已成为行政效率高、专业化程度高的代名词。如清人将刑部秋审处官员、河道官员（河务）、久任边疆（边才）的官员并称为"专家学"，即有今人所谓"技术官僚"之意。又如《清稗类钞》中称："六部诸曹司事权皆在胥吏，曹郎第主呈稿画诺而已,惟刑部事非胥吏所能为,故曹郎尚能举其职。"本案即是刑部自身纠错能力的一个典型证明,可为时人的褒奖之语做一注脚。

附记:本文部分内容曾发表于《清史参考》2016年第31期。

闺门奇祸：道光年间的德清徐氏狱

《红楼梦》的作者曹雪芹曾借笔下"冷郎君"柳湘莲之口揭出豪门贾府的肮脏龌龊，说是"你们东府里除了那两个石头狮子干净，只怕连猫儿狗儿都不干净"。这一句考语，放在文学作品中适当，应用于当时的现实社会生活中，恐怕也不是捕风捉影。譬如道光四年，浙江省湖州府德清县就出了一桩震动朝野的宅门大案，情节离奇，骇人听闻。因为当事双方都是世家豪族，亲朋故旧盘根错节，一时科道交章、钦差星驰不说，竟然酿成解元出身的三品臬台抑郁自杀，也算旷古奇闻了。

秽事出清门

事情发生在德清名门徐氏的深宅之内。德清一县有徐、胡、谈、蔡四大家族，四家之中又以徐氏为最盛。明成化年间，徐氏自余姚迁至德清，入清以后科名鼎盛，选翰林的就有五人，有"六世清声冠凤池"之誉。到嘉庆年间，德清徐氏中的徐端官至河道总督，财势甲于一方。

徐氏宗支繁盛，出事的是徐宝华一支。徐宝华年事已高，与侄子徐敦诚同居一处。徐敦诚为县学生员，娶同为豪族的蔡姓之女为妻。蔡姓先祖随宋室南渡，定居德清，明朝起成为科举望族。入清以后，蔡氏家族的蔡启僔、蔡升元、蔡以台三人先后殿试夺魁，人称"蔡氏三状元"。嘉庆、道光年间，蔡氏家族中仍有侍讲学士蔡之定在朝为官。徐、蔡两家世为乡里，门当户对，这一桩亲事本来美满。岂知闺门中事，并非外人所想。

徐宝华元配亡故，身边还有一年轻的如夫人倪氏。倪氏不但有姿色，且心硬手狠，颇能驭下，是以在徐家名分上虽是姬妾，实际上形同女主人。因为徐宝华年老，不甘寂寞的倪氏与少爷徐敦诚调戏成奸。少奶奶蔡氏顾忌脸面，一向并没有吵闹声张。道光三年六月一日，蔡氏偶然将徐敦诚与倪氏的丑事当面撞破，不免讥诮几句，又暗生闷气，病倒在床。反倒是倪氏，得意多年，此时被蔡氏讥诮，恼羞成怒。她随即买通蔡氏房中丫鬟秋香，趁蔡氏卧病，二人同进房内，将房门关紧后，令秋香按住蔡氏手脚，使其不能动弹。倪氏自用绳子勒住蔡氏脖子，直到气毙身亡。

按照钦差结案时的说法，倪氏胆大包天，亲手将蔡氏杀死后，才将此事告知徐宝华、徐敦诚叔侄，而徐氏叔侄碍于丑事外扬，损害家族的体面，且不能为蔡氏家族所容，遂假称蔡氏发痧暴卒，向蔡家报丧。事实上，徐敦诚极力不肯承认自己与倪氏共同预谋，杀害发妻，只说是被倪氏裹挟，不得已为她遮掩罪行。但就通常的情理而言，以倪氏一个女子，且是豪族之妾，而能事先勾结丫鬟，杀害晚辈主妇，事后内外布置、贿赂乡绅官吏；更有甚者，见大势已去，身为钦案重犯，能在最森严的地方、最恰当的时机，成功自杀、不留痕迹，背后没有徐敦诚乃至徐家上下的力量，恐怕就是谍战片里的军统女特务也难以办到。

当然，与之相对的蔡氏家族也不是任人宰割之辈。先是，徐敦诚与妻子蔡氏不睦，又与倪氏有私情，蔡家早有风闻；忽然接到噩耗，又见尸身颈部有几处伤痕，绝不相信因病暴卒的说法。于是蔡家由徐蔡氏的叔父、县学生员蔡鸿出头，到德清县衙呈控命案，要求知县黄兆蕙开棺验尸，起沉冤于地下。

发痧？自缢？还是被杀？

按照清代的制度，检验尸体，必须由州县正印官即刻亲自前往，不得拖延迟到，不得委之杂佐。实际上，对于这等秽事，州县老爷们当然是不愿意沾染的。德清的黄知县就是如此。蔡鸿七月初三一经报官，黄兆蕙就推托感冒，不肯前去。徐家料想蔡家不依，此案一时难结，便很快找了本地有名的讼师费文焘，请他出头主讼。这费文焘本是职官，对衙门中的情形十分熟悉，现在籍居住，专帮大户人家打官司。费文焘给徐家出主意：先送洋银[1]一百二十元，打点德清知县黄兆蕙及其门房长随，请他和息官司，不必上报。哪知蔡家不肯含糊，两天后，再次呈控德清县，要求黄兆蕙立刻前往验尸。事到如此，黄兆蕙只得将此事上禀湖州知府方士淦，仍然推说有病，由知府委派相邻的武康知县代为验尸。

因为是六七月的盛夏光景，这样左推右挡一耽搁，到武康知县验尸时，徐蔡氏的尸体已经腐烂。再加上徐、蔡两家各执一词，针锋相对，武康知县当即离座，一边禀告上台，一边又将此案移交回德清县。事实上，在当时的技术条件下，尸体腐烂，也并非不能检验。清初名宦黄六鸿在《福惠全书》中就介绍到："若尸已溃烂，肉色难辨，必须用水冲洗污烂之处，肉色方显露。若伤处

---

[1] 明朝后期，拉丁美洲白银制成的银圆，以西班牙殖民者为中介，通过国际贸易大量进入中国东南沿海商埠，清代以后，内陆及边疆地区亦多所行用。

色不明，必须剔开腐肉，验骨上，自有血晕、血荫等伤痕。"武康知县怕惹麻烦，哪肯费事，但求推了干净。

蔡家见此情形，深知事情若不闹大，必然没有申雪之日。于是蔡鸿马不停蹄来到省城杭州，赴臬司衙门呈控。控词中说，蔡氏尸身右腮颊有掌伤，项下有勒痕三道，两手腕有缚痕，胸前后有血晕，绝非自然死亡。臬司最初并没有给予此案足够的重视，只是按照惯例，又将案件批回湖州府。知府方士淦也掉以轻心，随手指派归安知县马伯乐审理。

此时的徐家老太爷徐宝华见案子闹大，不免又羞又恼、又惊又怕，一时间病重不起，一命呜呼。倪氏自行做主，向归安县打点了洋银四百元，又拖了几个月，而蔡氏一家执意不肯。方士淦知其在朝中亦有势力，恐其京控，不得已于当年十二月十四日，亲自带领德清、归安、乌程三县知县蒸检蔡氏尸骨。所谓蒸检，就是在尸体完全腐坏的情况下，用酒、醋蒸熏骨骼以定死因的验尸方法。因为中国古人讲究死有全尸，所以蒸检验尸被视为"惨拆骸骨，厌污三光"的惨烈之事，非迫不得已而不可为之。《钦定吏部处分则例》亦有规定："检尸毋得三检，如违例三检者罚俸一年。"

方士淦主持的这次蒸检，得出的结论是"自缢身死"。对此蔡家不肯认可，蔡鸿再赴杭州，向浙江巡抚帅承瀛控诉。帅承瀛命令臬司将此案提到省城，委派杭州知府等三名省府官员审理。在蔡家看来，此次所检之伤，与当时官方颁布的尸检规范《律例馆校正洗冤录》所载的自缢情形并不相同。且见徐蔡氏额颅近太阳穴处有痕，牙齿脱落，颈骨有黑黯色，血盆骨、肋骨等处都有红晕，显然生前受伤，另外下体羞秘骨、尾蛆骨被仵作声称遗失，尸身衣内又见锋利磁片一片。种种迹象表明，徐蔡氏绝非自缢，定是仵作舞弊抽换。

事情发展到这个地步，先后插手进来的浙江大小官员已有十余人。徐、蔡两家各不相让，案子一拖又是大半年光景。到道光四年七月，帅承瀛已经调往他处，新任巡抚黄鸣杰碍不住蔡家的强烈要求，指令杭州知府带领省城覆审各官，并湖州府原验官员，另换仵作，对徐蔡氏尸身再次蒸检。而这一次蒸检得出来的结论还是一样——自缢身亡。

事实上，蔡家能够争得第二次蒸检的机会，还多亏了徐蔡氏的胞兄蔡志栋。徐蔡氏遇害时，蔡志栋正在北京教书，东家是监察御史吴恩韶。宾主二人志趣相合，交情甚好。道光三年十一月，蔡志栋忽接家信，得知嫁与徐家的胞妹被人谋害身死，遂匆忙离京，一去半年有余。到次年五月，吴恩韶写信询问。蔡志栋告诉他："徐家害死我妹，伤痕俱在，但其家财势通天，又找了刁健的讼棍,所以欺负我叔叔蔡鸿性格懦弱,公然以发痧致死了结。我家上控之后,徐家又买通仵作。蒸检时闷勒跌打伤痕毕见,锋磁粘着腐肉,脱落的牙齿有二十七颗之多,明明就是勒死,仵作却捏称自缢,湖州府也准备照自缢完结。我家已经下决心继续上告,奈何地方上救生不救死、救官不救民的积习甚重,拖累漫漫。长夜达旦,只怕也是前景晦暗。万不得已时,还要请东翁在京中施以援手。"

说来,吴恩韶是嘉庆十三年进士,做官以后,曾担任刑部司官多年,然后才转任风宪,是以对刑名检验之事颇有心得。根据蔡志栋对尸体情况的描述,又基于对朋友的信任,到当年七月,见蔡家案子仍然举步维艰,吴御史不免亲自拟写了奏折,将此案直递道光皇帝御前:"请旨敕交浙江巡抚帅承瀛秉公彻底根究,是足以饬官方而成信谳。"

清帝对人命大案一向非常重视。见到御史说话,道光帝也不敢怠慢,马上下旨浙江巡抚,督同臬司等亲提人证卷宗,秉公严审。不过,旨意发到浙江时,帅承瀛已经离任。新任巡抚黄鸣杰接旨覆检,仍然得出了自缢的结论。当年十月,黄鸣杰将此案两次检验情况向道光皇帝作出系统汇报,就初检出现的蹊跷之处,一一予以澄清。

首先，何以徐家一开始说发痧而死，而两次蒸检都是自缢，这个谎，徐家要怎么圆呢？在供词中，徐敦诚这样解释说：他与蔡氏成亲九年，一向不睦，道光三年六月二十八九日，夫妻二人又起口角争执，自己遂将蔡氏推倒在地，并掌掴其右额及左臂。此时徐倪氏前来劝架，蔡氏不服，遂又被徐倪氏掌掴左额一下。初检中的额、腮、肋骨等处伤痕，就是这样殴打磕跌所致。蔡氏羞愤不已，次日上灯时分，将绳子系在床档上、身子跪在床沿上上吊自缢。因为惧怕蔡家追查自缢原因，徐家便假报发痧病死，确实没有谋害之事。审官再问徐倪氏及婢女等人，也都是同样说法。

次之，初验中牙齿脱落，羞秘、尾蛆等骨未检，贴肉之处有锋利磁片等事又作何解释呢？黄鸣杰根据二验仵作的报告提出：牙齿脱落是多见现象，并不意味着一定是掐死，嘉庆五年江苏长洲县、道光三年昭文县，都有人系自缢但牙齿脱落的成案记录。此外，该尸骨相是"女首男身"，并无羞秘骨；至于尾蛆骨，确系原检仵作遗失，人体中方骨与尾蛆骨相连，今验方骨无伤，尾蛆骨亦必无伤。再者，初次检验时，尸身衣内并无锋利磁片，到第二天，蔡氏家人于棺内拾得，呈湖州府验明，并无血迹，也算不了什么证据。总之，两次蒸检，徐蔡氏顶心、囟门、脑后及手指、牙齿各骨俱有红色血晕，与《洗冤录》所载自缢身死情状相符，耳根骨照有顺上红色，尤为缢痕确处。至于头骨、眉骨、肋骨、膝盖骨处的缝隙、红晕、浅黑等异常现象，不是家属用丝棉在骨缝左右推擦所致，就是轻浅微伤，并非致命。

黄鸣杰的这份奏折文字甚长，内中使用了大量《洗冤录》中的专业术语，论证两次检验的科学性、合理性。对此毫无经验的道光皇帝即便有精力通读一过，能迅速抓住重点的可能性只怕也微乎其微。当然，黄鸣杰在奏折中也明确提到，对于两次检验结果，朝中有人、底气十足的蔡家仍然不服，强硬表态"不办谋杀不能甘心，不到刑部不能明白，江苏成案不能作准，本省仵作总靠不住"等等。面对目前的僵持情形，黄鸣杰建议：不如请皇上下旨，准许由湖北刚刚调到浙江来的新任按察使王惟询主审此案，并同意蔡家的要求，准许从福建省调取仵作两名，对尸体进行第三次蒸检。黄鸣杰的建议看起来十分公正合理，毕竟主审官王惟询是新来乍到，无论与本案还是与浙江官场都毫无瓜葛，更兼调用邻省仵作，取浙江仵作而代之，可算得毫无嫌疑。不过显而易见，黄鸣杰不但否定了蔡家将全案移送进京，交刑部全权处理的要求，也并未向皇帝申请派遣钦差赴浙，而欲将案件进展的主动权仍控制在本省范围之内。

主审死了，主犯也死了

对于黄鸣杰的建议，道光皇帝全盘照准，而接下来发生的事情，则完全突破了他想象的边界——旨意下达仅仅四个月后，新任浙江按察使王惟询竟因为审理这件案子而上吊自杀了。深闺少妇徐蔡氏是否自缢，时隔两年尚未查清，审办大员为此自缢却是板上钉钉。一时间，王惟询之子王毓瑄、兄王惟诚、堂弟王惟廉纷纷上告，声称王臬台是查明了案件真相，但受到浙江官场特别是巡抚黄鸣杰排挤逼迫，才忧惧自杀的。那又是怎样的形势，令堂堂三品大员忧惧而死呢？

王惟询字星源，号小华，是山东无棣县人。这位山东籍"学霸"乡试时曾高中解元，嘉庆十六年考中进士后，又被选为翰林院庶吉士，仕途十分顺遂。接审徐蔡氏一案前，王惟询已经任职湖北按察使一年多，具有一定的理刑经验，且办事甚是认真。接任浙江按察使后，他先将原告、被告双方涉案人员及相关证人隔离研讯，待福建调来的精干仵作到浙后，又立即组织杭州、湖州两府原验官员，齐集杭州万松岭，三验徐蔡氏骨殖。

事实上，王惟询一经接触案情，便觉此案内情复杂，并非如黄鸣杰等所言。不过，想到徐、蔡两家俱系大族，案件已经在省内经过了七八轮审讯，两次蒸检骨殖，涉事的巡抚就有两人，大小官员更是众多，王惟询备感忧虑踌躇。他写信给自己在福建担任粮道的亲哥哥王惟诚，说道："此案疑窦甚多，从前检验均属不实，此次特调来浙办理，不敢稍有迁就。惟浙省大小各官以此案两检之后不能再有更动，其势固结莫解，心甚焦灼。"据其家仆人事后回忆，审案时的王惟询精神压力极大，惶惑不堪。有一天在审理徐家婢女时，王惟询先令婢女比画徐蔡氏究竟如何自缢，随后竟自言自语叹道："我将来恐怕也是如此。"

及到万松岭验尸当日，果如王惟询所料，尸骨尚未蒸煮，福建仵作何培就报出徐蔡氏囟门等处伤痕明显，实系被掐身死的结论。一时举座大哗，初检、覆检各官并浙江仵作等纷纷离座争执。尸场吵成一团，不待检验完毕，众人便气恼而散。作为主持者的王惟询亦负气而去，打道巡抚衙门，向巡抚黄鸣杰理论。黄鸣杰虽然案发时并未在浙，却是第二次蒸检的实际主持者，若被王惟询翻案成功，他也要承担不小的连带责任，因此他坚决站在浙省众官员一边，与王惟询当场吵嚷起来。二人粗声大气，各不相让，以致黄鸣杰拍案怒斥，大失封疆重臣的体统。

王惟询本就气郁交加，与顶头上司这样对骂一场，越发觉得身陷迷阵、孤掌难鸣，又想到徐蔡氏尸骨两经蒸检早已残缺不全，就算福建忤作心正技精，也未必能坐实凭证、办成铁案。按照王惟询幕友、随从等人的说法，此时的王臬台神情恍惚、行坐不安，需要身边的人时时防范照料。如此数日，王惟询终究心障难解，到浙不过一个月，就于道光五年三月在衙署自缢而亡。

王惟询是久历中外的三品大员，并非未谙世事的年轻书生，对官场的明暗规则，应已非常熟悉，决不至于稍有干碍为难，就自缢轻生。案件留下的材料有限，对于此事，各方更是讳莫如深，只有如上文提供的这些线索，可以供读者略加猜测。至于是否王惟询到浙之后，就受到上司、同僚或是其他势力的威胁，又不肯枉法屈情，遂以死明志，抑或是他经年日久抑郁难伸，再遇到这样棘手的大案，成了压死骆驼的最后一根稻草，我们就都不得而知了。

无论起因如何，三品大员因与巡抚争执抑郁自缢，这等骇人听闻的事一经传出，登时举朝哗然。不但王氏兄弟子侄纷纷呈状鸣冤，朝中科道官员亦多上奏请求彻查。如京畿道监察御史郎保辰就奏称："此实从来未有之事，伏读上谕，若无别情，焉有此事？""（王惟询）欲平反而残骸莫定、孤掌难鸣，欲扶同而严谕钦承、良心难昧。"道光帝听闻此事，也感到"殊堪骇异之至"。其时，黄鸣杰已离开浙江巡抚之任，道光帝遂命新任巡抚程含章、按察使祁㡉再度接手徐蔡氏一案，并确查王惟询之死是否为黄鸣杰逼迫所致。

事情到了这个地步，新接手此案的程含章也感到压力巨大。比王惟询老道百倍的他和道光皇帝打起太极拳，声称兹事体大，且王惟询之兄王惟诚现在福建任职，为弟鸣冤的呈状也是递交到闽浙总督赵慎畛手上；赵总督兼辖闽、浙两省，不如等他到浙阅兵时由他主审此案为好。道光帝知其推诿，不肯应允，再度下旨令其从速审理。程含章没有办法，只得拿出官场上大事化小、救生不救死的惯性做法，奏称黄鸣杰确实只是对王惟询声音大了些、拍了一回桌子，到不了逼迫他性命的地步；王惟询完全可以上奏辩驳，据理力争，为这点事就轻生自缢，实在是他心理素质不好。现在黄鸣杰已经因为别的事情被革职了，建议对他的处理也就到此为止吧。道光帝览奏照准，一个三品大员的死，也就如此而已了。

徐蔡氏一案尘埃落定之后，王惟询的翰林院前辈、蔡氏一族中的学士蔡之定为其作一挽联，其联曰："刚毅木讷近仁，生原无忝；聪明正直而一，殁则为神。"算是蔡氏家族对其朴直刚毅、以身殉职的最高致意。

此次与程含章一同审理徐蔡氏案的新任浙江按察使祁㡉是个久任刑部的审案专家，时人称赞他说：

公自主事升员外郎、郎中,皆坐办秋审处,开馆增纂则例,为纂修官。每持一议,廉平周洽,老于文法者不能夺。两逢京察,列上考,皆奏留不使去。

祁埙为人精细,遇事留心,审案时,每能从不可得处得其伪诈。他后来升任刑部侍郎时,京城有人挟仇纵火,烧死一家数命,下属司官意在开脱纵火之人,在案稿上写作"误遗火种,风烈延烧"。祁埙览稿不语,掏出自己的日记小册子递给司官,对他说:"你看我在上面记得明明白白,当夜星斗灿明无风,何来风烈延烧?你要保全纵火者的性命,就不为死者一家想一想吗?"司官抱报而退,再不敢稍有欺隐。

祁埙接手徐蔡氏一案后,连审二十余日,徐、蔡两家仍然各执一词,毫无眉目。六月初,祁埙决定再次检验徐蔡氏骨殖。他仍用王惟询留下的福建仵作,并与巡抚程含章同到尸场相验。这一次的检验结果与初验、覆验有两点截然不同。首先,初检检出耳根骨有红色,现检并无。第二,现在检出尸体项颈骨有血晕,而前次却无。考虑到徐蔡氏骨殖已经放置两年,蒸煮多次,检验的准确性大打折扣,程含章、祁埙等人亦不敢就此判定徐蔡氏的死因,只得再审徐敦诚、徐倪氏等人,冀图从口供中找到蛛丝马迹。

又过了几十天，案件的突破口终于从徐家的一个幼婢桂香身上找到。因为桂香年幼，此前审讯，都未问及于她。事实上，桂香正是倪氏杀害蔡氏的目击证人。桂香到案后，将倪氏当日与蔡氏婢女秋香一道按住蔡氏手脚，用力将其掐死的情形描述一遍。祁埙再令徐倪氏、秋香上堂对质。二人吐供画押，案情遂得大白。承审众人稍稍松了口气，正待一鼓作气再审徐敦诚等人，问其同谋共犯，并贿买官吏之事，一个令人震惊又丧气的消息传来——已经认罪的钦案重犯徐倪氏，在看守森严的死囚牢里，用包头帕子自缢身死了。

钦案尚未审结，重犯狱中死亡，按照律例，相关管理人员都要承担严重后果。是以正常情况下，主管官员、管狱官吏，都会极其精心，日夜巡视，避免犯人生病、自残、越狱、与外人通风报信等等。徐倪氏是弱不禁风的深闺妇女，何以能凭一己之力，在经验丰富的狱卒眼皮子底下成功自缢？又是否真是自缢呢？初见端倪的案情又变得更为扑朔迷离。

虽然明知难逃一通训斥，程含章还是硬着头皮将徐倪氏自杀的消息上奏道光皇帝。经此一事，方知道光皇帝的涵养是其祖辈雍正、乾隆、嘉庆等帝不能比拟的。换作前面三位，听闻地方官吏对这样跌宕数年、下旨多次的大案要案，还敢串通灭口、对抗圣命，必定要跳将起来，将全浙抚臬以下革职待勘，经管官吏并徐家上下解部严审。相比之下，道光帝虽然也是气恼，终究不肯大张挞伐，只是下旨给正在浙江主持乡试的军机大臣、署户部侍郎王鼎，令其出闱之后不必返京，就近接审此案。道光帝在谕旨中说：

> 此案悬宕三年之久，该省大小各员通同一气，牢不可破，开检两次，迄未验出真伤，承审各员总未究出实情。现在甫经审出谋勒情由，而犯妇徐倪氏旋即在监自缢，显有松放刑具、受贿故纵情弊，并恐该省官吏前此有婪赃舞弊情事，虑徐倪氏供出，因而致死灭口。再原检原审各员何以联为一气，固结不解？浙省吏治民风敝坏已极！此次程含章等审出各情节有无不实不尽，徐倪氏自缢身死有无别情，其原检原审各员曾否有受贿故出情弊，程含章等是否有意存徇隐、化大为小之处，着王鼎逐一密加访察明确，据实具奏，断不可因程含章业经审明具奏，稍为迁就。着该署侍郎于拜折后暂缓起程，俟接到批折再行来京，副考官赵炳出闱后令其先行回京复命可也。

在巡抚换了三任，主审、主犯接连自杀的情况下，道光皇帝终于为拖延两年多的德清徐氏案派出一位钦差大臣——多次出使鞫狱、素有"青天"之称的名臣王鼎。

似是而非的大结局

朱批发到时，王鼎尚在浙江乡试闱中主持阅卷。他接到命令后，马上给道光皇帝上一奏折说："臣自本年七月典试浙江，从江苏一路过来，就听到关于该案的许多传言。大家都说徐氏家资巨富，经此一案，家财几乎耗尽，可见是上下打点，受贿舞弊之事必定不少。臣也曾派人秘密查访，可惜在官在吏，都难以坐实。现浙江乡试拟于九月十五日发榜，臣在闱中事毕后，一定全力严查此案，绝不存姑息包庇、大事化小之念。"道光帝见着王鼎说法，又向身边的浙籍官员询问，听闻徐家打点贿银有四万两之多，遂命王鼎、程含章等严查徐氏家资及行贿数额。

浙江方面接到上谕后，再度忙了起来，连续审讯一个多月，进展却非常缓慢。先是徐倪氏死无对证，徐敦诚口风甚严，决不承认自己参与了对妻子的谋杀，一口咬定这是徐倪氏一人所为，自己不过事后顾全脸面，帮忙遮掩。第二，就徐家贿买大小官吏一事，徐敦诚等人只承认向德清、归安两县知县及其门房家仆，并两县件作等行贿白银一千二百两，其他衙门，特别是府以上衙门，并未行贿。王鼎等派人到徐敦诚家中查看，翻检其家现存粮册、契据、合同、借约等文簿，统计出家资六千多两白银，为打官司花费两千两，存余四千多两，与传言所说的行贿数额四万两相距甚远。且时隔近三年，财产是否早已转移别处，或是寄存亲友，派去的官员声称无从核对，只有作罢。

更有甚者，在审到归安知县受贿一节时，又闹出死人的事来。先是，徐家供称交给归安知县马伯乐的家仆李明洋银四百元，李明收下一百，另外三百元交给了马伯乐之兄马汝霖。而马汝霖则坚称自己并未受赃，甚至不惜自残对抗。马伯乐更是设计向在浙的乡试副主考赵炳投书喊冤，声称徐蔡氏就是自缢，主审官对自己刑讯逼供，迫使自己承认受赃。这边提审马氏兄弟正在不可开交时节，那边杭州府管狱官吏又来呈报，说马家仆人李明趁着禁卒夜间熟睡，将裤带系在木栏横档上自缢而亡。一件钦命大案，主犯和主要证人接连在监自缢，且无论如何审讯，狱官禁卒都一口咬定是疏忽管理所致，绝无其他情弊，内中之错综迂曲可见一斑。王鼎、程含章等人也只能徒呼无奈而已。

又盘桓了近两个月时间，到当年十一月，眼看再也问不出什么眉目，王鼎等人只好将徐家各犯并受赃官吏的罪名、量刑奏报上去，请求结案。道光皇帝批示如下：杀害徐蔡氏的主犯徐倪氏已经在监自缢，只好置之不论。婢女秋香从旁加功[1]，以奴弑主，即行处斩。徐敦诚几经审讯，并无同谋加功之事，照拟杖一百，流三千里。费文焘以在籍职官于谋命重案代为主讼、作词捏控，发云贵两广极边烟瘴之地充军。其他受贿、失察官员，如德清知县黄兆蕙革职发黑龙江充当苦差，归安知县马伯乐发往新疆效力赎罪，湖州知府方士淦发军台效力赎罪。其余不能审出实情的历任巡抚、按察使、府道官员交吏部议处，分别革职降调。另外，此案得以告结的关键是徐家幼婢桂香的口供，提拿要证桂香的候补知县党金衡获得了遇缺先补的嘉奖。

一场悬宕近三年的大案就这样结束了，与嘉庆年间的钦命大案相比，可谓同异互见。共同点都是案发初期地方势力交相为恶，通省之内官官相护，督抚大员漠然视之，同级集权——纵向监督的常规制度丧失纠错能力，两造双方争讼不已，最终京控御前，酿成巨案。

---

[1] 加功在中国古代法律中指共同犯罪时的实际帮助行为。

"办七分不公道事"

对于这一现象，曾经佐治于山东、江苏两省布政司、按察司的嘉道名幕包世臣有这样的论断："但能办七分不公道事，过此不敢闻命。"什么叫七分不公道事呢？包世臣解释说："原本发生在民与民个体之间的官司，一旦打到省里的布政、按察两司，之前的府州县承审官，实际上已经成了被告，所以案件本身谁曲谁直，和各级审官是平是枉，可以被看作两个层面的问题，以十分论之，民与官各居五分。民与民争曲直，而后告官，官员枉法而断，案子就加入了民与官争的成分。这时候，案件本身的曲直可能已经退居次要的位置，而官民之争变成了问题的核心。在这种情况下，善于断案的省级大员就本案的曲直争公道的多寡，五成里能争到三成，已经很不错了。官司从县里打到省里，原告、被告双方都已经疲惫不堪，希望案子尽快告结而不可得。这时候，如果公道昭彰能到五分之三，理直一方想必就能够平心舒气，留下两分不公道，理屈的一方也暗自庆幸，必然乐得完结。如此，案件本身曲直可明，上下官吏平枉自见，理直的一方平了气，也不会再与枉法的州县官争意气；州县官本来亏心，上司官员秉公而断，他们也不敢翻供纠缠。"

所以在包世臣看来:"督抚、两司大员保全下属的核心,正在于为无辜百姓出气而不使其含冤郁结。可惜如今省一级大员办案,理念是完全错误的。案件本身的曲直,他们未必不了然于胸,却认为一旦澄清真相,前审官员必然要遭到重惩,所以心存救官不救民之念,一意颠倒黑白,强为压制,希望含冤百姓因畏惧而自动撤案。可实际上呢?理直一方不甘冤屈而诉于州县,州县官蛮横压制,激其上控,上司还是蛮横压制,他们就不再上告了吗?其实,督抚、两司因为保全属官而枉法,自己并不会从中得到好处,只是糟糕的思维惯性,让他们张嘴闭嘴维护大局、不可长百姓刁健上控之风云云。而碰到含冤深重、意志坚决的原告,最终酿成巨案,上达天听,这就不是督抚、两司等人所能承受的了。我在两司衙门为幕多年,所经官民讼案百余起,每办一案,都抱定实事求是之心,不肯盲目顺从前审官的结论。前审官员们因此惴惴不安,对我肆意毁谤。但正因如此,在我的手中从未酿出过巨案,也没有官员为此遭到参劾丢官。这就是我纾解百姓的郁气,为他们挣得三分公道的缘故。近年如德清徐氏等巨案闹到如此地步,公道尚未得十分之三,正是督抚两司居心不正、一意回护下属的恶果。"

当然,以德清案为例,道光朝办理大案,与乾嘉年间还有明显的不同之处,即乾嘉年间,一旦钦命下达,钦差莅临，案件的进展就变得较为迅捷高效，对犯证的搜集、逮捕、押解、看守和受害人尸体的检验、保管都谨慎小心，未见大的疏漏。而德清蔡氏一案，审讯过程漏洞百出，死者尸骨三遭蒸检，已经惨烈至极，更兼主审、主犯、主要证人接连自缢，证据链破坏殆尽，即便皇帝屡下旨意，由刑部的法律专家、正直的军机大臣亲自坐镇，中间环节还是掣肘不断，地方上下明里暗里抱团对抗的态度十分明显。道光皇帝虽然也随时关注着案件的进展，也能意识到地方官们是如何通同一气、牢不可破，但提出的个人意见却非常有限，下达的谕旨多抄录巡抚们上奏的内容。刑案本身虽然尚称平反，但对官吏舞弊情节的查核却多遮遮掩掩，处理亦多避重就轻，激浊扬清几成空谈。

不过，即便如此，在中央对地方司法权几乎失控的同治、光绪年间，有识之士对嘉庆、道光时期的这一局面还颇为羡慕。李慈铭在谈及杨乃武案时就愤愤然说起雍乾以降近二百年的执法风气变化："想当年世宗宪皇帝（雍正）的时代，大小官员凛然严肃、执法如一，是何等的气象！到乾隆、嘉庆年间，这种风气仍能维持。再到道光年间，法网就很松弛了。然而像德清蔡氏这样的大狱，钦差一到，尚且能做到巡抚大员牵连罢官，道府知县纷纷发配，包世臣称之为十得七八。到同治年间，有山西太谷县的员杜氏之案,尚书爱仁、侍郎王茂荫等人奉旨审理,碌碌无功,山西人至今愤愤不平。虽然案中受贿的大吏、枉法的知县、下手的奴婢都逃脱了罪名,但被诬陷通奸产子的节妇杨氏毕竟洗雪了冤枉。如果事情放在今天,怕是连这样的结果也难得呢!"

内轻外重，事已积成：光绪年间的河南镇平王树文顶凶案

咸丰改元伊始，全国各地就纷纷陷入如火如荼的农民起义当中。太平军、捻军，以及各省大小不一的武装起义、暴动此起彼伏，对清王朝的统治构成猛烈冲击。尽快将各地的武装起义镇压下去，是各级政权的第一要务。是以清廷不得不宣布，凡各地"会匪""教匪""盗匪""游匪""痞匪"等，除临阵杀毙及因伤身死之外，由各地官军、团练捉拿者，讯明情罪重大，就地正法。即一改清代死刑犯经由县、府、按察司、督抚层层审转，交刑部覆核，再由皇帝批准处决的程序，将生杀大权赋予地方官执掌。

迫于战争的压力，无论皇帝、刑部、科道，还是地方大小官员，再也无暇顾及何谓祖宗旧制、何谓慎重刑章，对此毫无争议。不过，当战争进入尾声，时局大体平稳的时候，在战争中被迫丧失刑名事务主导地位的中央政府又开始作出改变这种局面的姿态。从同治中后期

起，以刑部为代表的中央政府一直力图停止就地正法，恢复死刑案件审转咨题旧制。为了达到这一目的，刑部着力从两点入手。第一，是大力揭发这一阶段全国各地所办的冤假错案，借此证明地方政府办理刑案无论能力、态度都有严重问题，"就地正法"的施行无异于纵容地方官草菅人命。第二，是自行上奏或议准科道言官的奏请，陈述利害，要求恢复旧制。

偷梁换柱，一错到底

关于同治、光绪年间刑部查办各地冤假错案并借此呼吁恢复旧制之事，在此举河南王树文案一例予以说明。

光绪五年十月二十七日，家住河南邓州的少年王树文因为在家偷用零钱，被其父责打，逃出家门，路上遇到一个五六十人的强盗团伙，为首大盗名叫胡广德。胡广德等人随后劫掠了镇平县张楼寨富户张肯堂家，将抢来的衣服等物交给不明就里的王树文看管。张肯堂报案后，镇平县的差役很快抓到了包括王树文在内的多名涉案之人，也问知王树文并非强盗团伙成员。不过，当一名叫胡体安的强盗向差役刘学汰、刘全汰兄弟行贿后，刘氏兄弟即将胡体安悄悄释放。因为盗犯名单中已有胡体安的名字，为防事机败露，刘氏兄弟将王树文冒名胡体安带到县衙，并告诉王树文上堂后自称是胡体安即可释放。知县马翥并不推敲案情，就将王树文先打一千小板，后用火香烧戳其背，逼他自认是胡体安。事后，县衙的师爷虽告知马翥内中隐情，但马翥并未自行检举，而是与师爷将案卷大做手脚，然后上报。该案经府、司、巡抚审转，王树文糊里糊涂过了几堂，直到开刀问斩之际才恍然大悟，在开封府临刑呼冤。按照清朝的制度，死刑犯临刑呼冤，监刑官就必须停止行刑，将呼冤的情由上报重审。于是时任开封府知府的唐咸仰将王树文案再次提交至河南巡抚涂宗瀛面前，由涂宗瀛委派官员，查出呼冤之人是邓州的王树文，而非南阳的胡体安，冤案的审理出现转机。不过，涂宗瀛很快就调任了，新任巡抚李鹤年又派出知府王兆兰、马永修等十余人覆审。王兆兰等人迁就同僚，要替原审官员脱罪，遂改称王树文于光绪四年即逃出本家，与胡广德认为义父，改名胡体安，又将王、胡二人合为一人，再次将王树文定为死罪。

然而纸终归包不住火，很快，案件的内情便通过河南官员中的正义之士流传出来。如开封府知府唐咸仰就因为立意重审，与李鹤年发生矛盾，虽已升任山西河东道，仍被李参奏不胜盐道之任。又如知县张亨嘉，奉李鹤年委派参与此案的审理，与力主蒙混过关的各官员意见相左。张亨嘉随后请假回籍并到京会试，获得了向京官特别是科道言官揭露河南冤案内情的机会。

事情发展到这一步，北京的言官们开始纷纷上奏。光绪七年十一月，御史陈启泰率先奏称河南承审各官员避重就轻，逢迎新巡抚，欲将王树文监毙狱中。朝廷据此下旨："人命出入，所关至要。著李鹤年迅将此案秉公讯结，务成信谳，毋稍瞻徇。"迫使河南方面不敢将王树文监毙狱中。次年三月，御史李暎再奏："河南斩犯胡体安临刑呼冤一案，该省回护原审各官处分，以两人作一人，勉强牵合，赃证皆不足据。诚恐率行结案，致成冤狱。"朝廷又下旨命河道总督梅启照与李鹤年共同会审此案。梅启照派河道官兵将首先诬陷王树文的差役刘学汰等捉拿到案，案情又现平反之机。但王兆兰巧言令色，一连写了几道禀文，向梅启照解释原审的合理之处。马永修等又加紧用刑，逼令犯人、证人等维持原供。梅启照被他们蒙蔽，将刘学汰等释放回县，自己与李鹤年联衔上奏，再次将王树文定为死罪。

内外角力，唇枪舌剑

不过，科道官们并未就此放弃，坚称此案有冤。在他们的积极干预下，光绪八年九月，朝廷下旨将王树文一案卷宗、赃物及全体犯证解送北京，交刑部重新审理。刑部派出律例馆司员郎中吉顺、宗培、裕彬、濮文暹、刘志沂，员外郎廷杰、赵舒翘，主事陈惺训八名能员主审此案，其中尤以赵舒翘用力最多，全案奏折皆出其手。

在刑部全面接手此案后，傲慢不可一世的河南巡抚李鹤年三次表现出了对刑部的藐视对抗，与咸丰以前地方官对"大部"战战兢兢、唯恐得罪的态度形成鲜明对比，令急于重塑权威的刑部恼羞成怒，一定要将此案办成铁案。

第一次对抗是在光绪八年九月。李鹤年在有旨命他将本案全权交付刑部审理后一个月，仍未将卷宗、人犯、证人起解赴京。刑部上奏后，上谕二次催促，李鹤年才不得已命相关人员启程。这些人到北京后，刑部却发现，本案的关键人物，初审王树文的镇平知县马翥竟然没有同来，镇平县的相关差役也未提到，案件无法审讯。刑部只得再次上奏，请旨命李鹤年将马翥从速提解到部，以便审讯。

第二次对抗是在刑部司官经多日审讯，确认胡体安与王树文本系两人之后。在审讯中，刑部得知胡体安现已改名换姓在河南新野县当差，遂奏请饬下李鹤年，命他将胡体安设法严密查拿，不得以"查无此人"这样的空言应付。李鹤年接到上谕与刑部咨文后，不但不下令抓捕胡体安，反而上奏称：王树文与胡体安确系一人，胡体安非王树文是外间传说的谣言，刑部所审系听信传言。他请皇帝下旨，命令刑部将"现审犯、证供词抄录，飞咨来豫，以便查照所供年貌籍贯再行侦缉"。奏折下部后，刑部大为光火，再次上奏，请饬李鹤年马上缉拿胡体安到案，不得延误。刑部奏折的用词非常犀利，声称：地方官索取本部审讯的供词，向来没有这样的先例；本部审明王树文与胡体安系两人非一人是确凿无疑的，该抚不予承认，是为"飘空立论，毫无根据"。文尾甚至颇有赌气意味地说："臣部只能审明案情，胡体安能否拿获到案，其权自该抚操之。"事实上，直到本案奏结之日，河南方面也并未将胡体安拿获到案，所谓"其权自该抚操之"，实不出刑部之所料。

第三次对抗发生在光绪九年四月，刑部耗时半年之久，已将王树文对群盗抢劫一事全不知情，只是被骗帮胡广德等人看守衣物的情节查实。如果照此结案，王树文就不能适用"强盗劫财，不分首从皆斩"的法律。河南方面三次将王树文定为死罪，参与审断的各级官员都有"故入"或"失入"人死罪的责任。为了袒护河南上下官员，李鹤年上奏，声称"强盗例"内无"看守衣服"专条，请饬刑部妥议罪名，将"看守衣服"的情节合并到强盗案内"把风、接赃"的表述范围内。其奏折中甚至责怪刑部将盗案从犯王树文拟作无辜，是"长养盗贼"之举。根据乾隆年间的定制，同伙强盗分为法无可恕与情有可原两等，其中负责"把风、接赃"的伙盗因为没有直接伤害、绑缚事主，也没有直接抢劫财物，可以被视为"情有可原"，减等免死。咸丰年间恢复使用"强盗劫财，不分首从皆斩"律，规定"其把风、接赃等犯，虽未分赃，亦系同恶相济，照为首一律问拟，不得以情有可原量为末减"。因此，一旦将没有被法律定性的"看守衣服"行为归入到"把风接赃"范畴之内，王树文即系顶案之人，其本罪亦应入死，河南各承审官员受到的处分就要小得多。

李鹤年的奏折被下发至三法司会议，都察院与刑部同仇敌忾，回奏的言辞也更加激切。他们先用大量篇幅辨析王树文"看守衣服"的行为与律例所在"把风、接赃"性质完全不同，再对李鹤年奏议中对刑部的批评言辞严厉反驳，痛斥他在河南主政多年，平时对于缉捕强盗的工作完全不上心，所以吏治废弛、盗贼横行，以至于酿成大案。在这种情况下，不但不反躬自省本省差役放纵大盗、贻害地方的问题，居然还敢给刑部扣"纵容盗贼"的帽子。刑部倒要问问李巡抚，难道今天遂你心意杀了一个无辜的王树文，河南境内就再也没有盗贼了吗？世上竟有这样的无稽之谈吗？

此后更发诛心之论，将此案中李鹤年屡屡与刑部对抗的举动归结于地方督抚目无朝廷、尾大不掉，将此案的性质上升到中央与地方关系，甚至君臣关系的政治高度。刑部说：

> 国家设立法司原为主持天下刑名，若如李鹤年今日所为，则外省案件即可自拟自核，何庸法司与议？况此案系特旨提审，迭经恭请谕旨鉴定，始行奏结。李鹤年尚敢拉杂引例，希图摇惑众听、颠倒是非，长外省草菅人命之风犹小，启疆臣欺罔朝廷之渐，其罪实大。现在诸事内轻外重，事已积成，尚未有如斯之明目张胆、护过饰非者。李鹤年自谓此奏为纲纪惜，臣等谓坏纲纪者实自此奏始。若不严加惩戒，实无以儆效尤而存政体。

大致意思是：朝廷在中央设立刑部，就是要主持天下的大案要案，像李鹤年今天的所作所为，以后凡是地方的案子，只要地方官自己定案、自己覆核就可以了，还要刑部做什么呢？何况此案是奉皇上的特旨提审，刑部在审办过程中又多次请旨定夺，最后上奏结案。这种情况下，李鹤年还敢胡乱引据律例中不相干的条文，试图扰乱视听、颠倒是非。

案情真相接近大白之前，李鹤年已经意识到，单凭正面与刑部论理论法，无论如何也不能达到保全自己与一众涉事官员的目的，遂开始利用自身的影响力，分化京官，特别是对刑部官员进行游说，希望他们网开一面，将此案敷衍过去。赵舒翘年谱中记载，光绪八年"（赵舒翘）补秋审处提调，九月升福建司员外郎，既而有退志。以办河南王树文案堂司不合故也。是岁因事有感，以保身谨言作一大功课"。所谓"堂司不合"，"司"自指赵舒翘本人无疑，而"堂"系何人则未明指。将此事点明的是《清稗类钞》，其中记载，赵舒翘中进士后被分配到刑部任职。京官本来就很清苦，刑部的工作极为繁重，收入又最低。赵舒翘不但聪明过人，且最能吃苦耐劳，经常布衣蔬食，走着到衙门上班，日复一日，能人所不能。陕西人在刑部的声誉很好，赵舒翘尤是其中翘楚。当时的刑部尚书潘祖荫非常器重赵舒翘，屡次举荐提拔他。王树文案发露时，李鹤年是河南巡抚，王树文替人顶罪，临刑呼冤，把事情闹得很大，河南籍的京官联名参奏，潘祖荫也力主将涉案人员全部提至刑部，交给赵舒翘负责审理。等到案件即将水落石出之际，潘祖荫忽然听了李鹤年说客的话，准备压下这件案子不再追究，仍然按照河南原审定案。赵舒翘听说后，愤而上堂，拿着已经拟好的奏稿，与潘祖荫当堂争吵起来，以至于声色俱厉。潘祖荫作为上司，面子上很挂不住，虽然心知赵舒翘是秉公执法，但当着一众下属的面，还是不愿意放下长官的架子。正在犹豫间，赵舒翘拂袖而去，到家后当即写就辞呈，要求开缺回家，并且准备第二天就把辞呈递交上去。结果就在当夜，潘祖荫收到了父亲去世的家信，自己先按照惯例上奏恳请丁忧了。接替潘祖荫担任刑部尚书的是张之万。潘祖荫写信告诉张之万，说："赵舒翘的人品学问在刑部司官中一时无两，五年内我对他屡次提拔。王树文这件事，他的坚持是对的，错本在我。您既然接任了刑部尚书，请仍然按照舒翘的意见将此案上奏。他这个人性情刚烈，以后还望您多加担待，曲意成全。"赵舒翘本来去意已决，直到张之万将潘祖荫的亲笔信拿出来，才为之动容，决定留在部中。这件案子使得赵舒翘名震中外。至于潘祖荫知错能改、笃于爱才的美德，也难能可贵，令人佩服。

赵舒翘在《提牢备考》中也提到潘祖荫对自己的格外照顾，他说："翘家寒无力，一任所办各事皆系堂宪潘及友朋捐助之款，至今感激"。这可与《清稗类钞》的记载相印证。赵氏年谱中避谈"堂司不和"之"堂"为谁，是为尊者、贤者讳之意，一度对王树文案加以掣肘的刑部堂官正是潘祖荫无疑。

随着潘祖荫的丁忧，刑部坚持"揭盖子"的力量占据上风。这一方的代表人物是侍郎薛允升。孙家鼐所撰薛允升墓志铭中提到："河南以王树汶（文）充代胡体安，临刑呼冤，抚臣奏闻得实，前抚应降官，而政府庇之，授意部臣，欲抑其奏。公力持之，卒白冤诬。"薛允升与赵舒翘同系西安府长安县人，同为晚清刑部陕派律学的代表人物，有师生之谊。薛允升为官清正，精于律例，多有执法不阿权贵之举，由其主持此案，顶住来自河南方面压力的说法颇为可信。

在刑部与河南官员对峙的过程当中，科道言官也多方上奏为之助力。除前文所言光绪九年四月三法司的严词合议外，光绪九年六月，刑部将全案奏结后，清流领袖张佩纶又上奏，请将"河南王树文一案覆审司道照例议处"。其意此案不单初次承审之员其咎难辞，由李鹤年、梅启照所派覆审之豫山、陈宝箴亦应以故入人罪论处。奉旨依议。

积重难返，大势已去

关于王树文案，有四点值得关注的地方。第一，这并不是一个"就地正法"案，而是一件按照固有的审转程序进行处理的盗案，理论上经过县、府、司、抚四级审转，上奏交部议覆后才发地方行刑，在此基础上才出现了王树文临刑呼冤的情况。因此，刑部最终将此案完全推翻，也是对自己初次议覆的全面否定，刑部奏结开参的名单中也包括本部的司官。不过，这一件在名义上经过审转程序的案件，实际上办理得非常简陋。根据王树文的口供，他在镇平县被差役诱供，又经知县刑讯自认为胡体安后，作为第二审级的南阳知府任恺并未令其过堂，解到省城后，只过臬堂，未过抚堂，这与固有的审转体制完全不符。另外，初审事主口供中有伙盗百余人，镇平县只报盗犯十人，且赃物的件数、材质、颜色全然不对，地方几级审转也没有指出驳回。王树文开封呼冤后，朝廷下旨李鹤年、梅启照重审，李、梅二人也并未按照嘉庆年间的定例亲自审讯，而是指派属官审理。李孟符在《春冰室野乘》中分析李鹤年在办理此案的态度时说："鹤年初无意袒恺，然出身军旅，素简贵，不屑亲吏事。又恚言路之持之急也，遂一意力反宗瀛前议。"李鹤年本系道光进士，并非出身军旅。但咸丰、同治年间常年参与对捻军的作战，与曾国藩、左宗棠等科举出身的"中兴名臣"一样，士大夫气减，而杀伐之气增。称其"素简贵，不屑亲吏事"，亦不为过。而地方大员"不屑亲吏事"的重要原因就是咸丰、同治年间畅行的"就地正法"。

第二，本案的关键人物李鹤年是汉军旗人、道光末年进士,由京官外任,历至巡抚,本应是清廷的"嫡系"。这一点与杨乃武案中浙江官场多系太平天国运动后凭借军功和地缘集团利益崛起的湘军将领是有区别的。不过,李鹤年在咸丰、同治年间以襄办军务的身份在河南、直隶地区与捻军作战,后升任河南按察使、巡抚,长期在河南任职,与河南地方官员的关系十分密切。因此,虽然李鹤年在王树文呼冤后才二次接任河南巡抚,本无须对王树文一案的初审承担任何责任,但他对河南一干承审官员的维护力度要远远大于短期在此担任巡抚的涂宗瀛。身为旗人的李鹤年本应是朝廷心腹,但在经过镇压捻军等一系列战斗后,与其长期任职地区的官员也形成了与湘军、淮军将弁相近的袍泽关系,在面对来自中央的压力时以维护集团利益为第一要务。是以赵舒翘在奏稿中屡斥其"弥缝办理,为官场保全大局计""依违积习,救官不肯救民",甚至上升到"长外省草菅人命之风犹小,启疆臣欺罔朝廷之渐,其罪实大"的高度。由于督抚大吏执意维护集团利益,个别府县官员如果持有异见,试图翻案,在省内不但毫无作用,且很容易被打击报复。刑部在得知知县张亨嘉坚持不参与开封谳局的覆审画稿,最终无奈请假回籍时说:"该县以微末属员何至情甘得罪上司,递呈声明,则案情之不实于此又露一端。"可见此际地方官场官官相护程度之严重。

第三，这是一起由言官向皇帝揭发，奉旨交由刑部最终完成了审理、平反的案件。这一时期，在对待地方督抚的问题上，刑部获得了清流领袖，特别是科道言官的大力支持。张佩纶曾上奏："自军兴以来，官吏多执乱国重典之说，于是申韩之术以渐而陋，各省谳章颇以意上下其手，全赖刑部平之。乃巨狱非言官指摘，不闻部臣纠正。"盖因就地正法之案，刑部无法得到案件的具体信息，即便普通的审转题奏案件，由于题奏本章往往删改招供、移情就案，"所叙供内只寥寥数语，驳之无隙"。在同治、光绪年间，地方上被揭发的大冤案，多通过当地官员或是当地籍贯的京官将信息传递到北京，由言官上奏，先交当地督抚大臣重审，督抚回护属官，仍以原议上奏，随后言官交章弹劾，往返数次。最终或派刑部大臣钦差审案，或将全体犯人、证人提至北京，由刑部重审。

第四，该案经刑部奏结后，对涉案官员的处理力度大不如前。该案由刑部开列参劾名单，镇平知县马翥、覆审知府王兆兰、候补知府马永修均请旨即行革职，发往军台效力。河南巡抚李鹤年、河道总督梅启照革职。前任河南按察使麟椿和巡抚涂宗瀛分别降调、降留。后经都察院补参，由李鹤年、梅启照派出覆审之按察使豫山、道员陈宝箴亦拟降调。初审错误的南阳知府任恺因为病故被免予治罪。刑部将此案定性为"草率定案，证据无凭，妄坐人罪"，而非"故入人罪"，已给河南涉事官员留有余地。对于这样影响重大的案件，特别是李鹤年等人目无中央的态度，垂帘听政的慈禧太后只是全盘照准了刑部的意见，而非像雍正、乾隆、嘉庆诸帝一样有特旨严斥、格外从严举动。本案官犯最重不过发往军台效力，并无一人赴戍新疆、黑龙江，惩治力度不能与道光以前相比。

事实上，除了王树文呼冤案外，同治、光绪年间，各地大案迭出，其著名者如浙江余杭杨乃武案、山东陵县抗漕案、南京三牌楼案、四川东乡案，无不震动朝野。张之洞在提到这一时期冤案的原因时说：

> 我朝深仁厚泽固属美不胜书，然大要则有两事，一曰赋敛轻，一曰刑狱平。近年承军务之后，封疆牧令心粗手滑，动辄用兵。即如去年浙江金华金屺兰私垦升科一案，山东陵县抗漕一案，杀戮亦为过重，然且姑置勿论。盖事未上闻，则咎在督抚，案已到部则权在朝廷。朝廷若再不遏其流，以后肆贪虐，必致殴民为盗而后已。

在时任四川学政、目睹地方官"心粗手滑""杀戮过重"的张之洞看来，其时冤案频发的重要原因，是中央不能给地方贪虐之弊以遏制，就地正法的施行使"事不上闻""权不在朝廷"，宽仁厚泽的审转题奏制度塑造的"刑狱平"善政，被就地正法破坏殆尽。

到光绪初年，舆论已经形成共识：就地正法的做法已经施行了二十多年，地方官由此滥用权力，草菅人命，甚至为了掩饰自己的罪责集体与中央对抗，渐成尾大不掉之势。如果朝廷不加以控制，势必对社会秩序造成严重破坏，丧失民心，甚至威胁政权稳固。朝廷必须及时将刑名领域的最高权力——死刑核准权收回中央，才能遏制这一局面。不过，面对中央收权的做法，地方督抚表现得极不配合，以种种理由拖延抵制，所谓就地正法停办之令几成空文，光绪中后期每年的秋审情实人数甚至还不及光绪初年。对此，刑部亦无可奈何。这种状态一直持续到清王朝覆灭。

清人一向对本朝刑名领域的审转题奏制度评价颇高。所谓"国家慎重人命，旷古未闻。盖古者富侠酷吏操生杀之权，今虽宰相不能妄杀一人。古者人命系乎刑官而已，今自州县府司督抚以内达刑部而奏请勾决，一人而文书至于尺许。民之感激也深，天之垂佑也至。社稷延长，端赖于此"。自太平天国军兴以后，由于"就地正法"的大范围推行，这样的体制遭到巨大破坏。而居于这一体制中最核心位置，具有"天下刑名之总汇"地位的刑部也不复往日的权威。虽经多次力争，试图恢复旧制，终究不能成功。由于整个刑名体系已经非常脆弱，失去弹性，作为体系的一部分，无论刑部如何进行"权变"，也无法重新激发体系的活力。从根本上讲，太平天国军兴以后，随着地方督抚的坐大，清王朝固有的中央集权体制已经全面动摇并走向崩溃。刑部在刑名体系中丧失固有地位与权威，只是其中的一个侧面。

附记：本文部分内容曾发表于《文史知识》2016年第12期，原标题为《晚清地方司法的败坏——以河南镇平王树文顶凶案为例》。

· 下编 ·

刑期无刑

清代刑部的审案流程

清代政府行政，以钱粮、刑名两项为基础。刑名一词在清代的语境中主要代指与谳狱相关的政务。在地方，刑名事务有内地直省与边疆地区两种管理体制，其中直省由州县、府（道）、按察司、督抚组成；边疆地区则根据各自情况由理刑章京、驻防将军等组成。二者都以"同级集权、纵向监督"为基本运作特点，每一级的权责高度统一。相比之下，中央刑名体制的安排要复杂一些，有资格参与刑名事务的衙门和官员很多，其中刑部之权独重，具有"天下刑名之总汇"的地位。

康熙年间的刑部尚书徐乾学将当朝刑部的职权归纳为："其外自提刑按察司所定三流以上罪，内自八旗、五城御史诸案牍，统归于刑部十四司，每岁报闻，而轻重决之。至于新旧条例，宜归画一，非时矜恤，务广德意，天下督抚之所帅以奉行者，惟视刑部之所颁下而已。"按照徐乾学的说法，此时刑部的主要职权包括：第一，对外核定各按察司"三流以上罪";第二,对内审理八旗和京师五城案件;第三,岁定秋审实缓;第四,主持刑名大政特别是律例的修订颁布。

其中第二点,在当时被称为"刑部现审",即由刑部官员亲自问讯的案件,与第一点的覆核文书有所不同。刑部现审主要包括两大类:第一是京师地区旗、民的徒、流以上案件;第二是皇帝亲自指定由刑部审理的案件,如涉及高官的政治类案件,因为地方官审理无果而需要刑部亲审的重大、疑难刑案等等。

移送与派审

刑部现审案件中,数量最多的是京师地区的移送案件。京师地区包括北京内城、南城,以及五城巡城御史所领属的顺天府部分辖区。清代的京师旗、民杂居,刑名案件采取地域与身份双重管理的办法。相对而言,在清代前期,由于旗、民分居程度较高,管理更侧重于身份;步军衙门管旗人,都察院五城管民人。中期以后,旗、民相对混居,管理也更侧重于地域。步军衙门管内城及城门周边区域,都察院五城管南城和城外领属的顺天府部分地区。

大致到乾隆中期,除内务府偶有处理所管上三旗包衣及内廷太监徒罪案件的记录外，京师地区的旗人、民人，及旗民交讼的徒罪以上案件，不论最初受理的衙门是步军统领衙门、都察院五城司坊，还是八旗各佐领、各部院、内务府，都要移送刑部审理。宗人府受理的皇室成员徒刑以上案件，则要与刑部会审。

刑部办理现审案件的部门和人员，清代中前期有多次变化。康熙以前沿袭明朝制度，直隶和京师地区、在京各衙门的案件由十四司分别带管，京师案件送部后分司审理（参见附录1:《康熙会典》所载刑部各机构设置）。不过，十四司工作繁简不一。繁杂之司如山东司、湖广司等，单覆核所管省份的咨、题案件已经应接不暇，一旦遇到现审繁难大案特别是皇帝钦派的案件，往往难以兼顾。雍正年间，刑部奉旨添设左、右二现审司，配置相应员额的司官，左司专办钦交案件，右司专办直隶案件。

经过一段时间的运转，刑部发现，这样的安排也有两个问题。第一，现审司定员之后，官员的升补与其他各司相同，司官的办事经验、法律素养与各司水平相当，但现审司，特别是左司的工作压力明显大于一般的司。因此，即便在雍正朝设立现审司以后，考虑到司官的办案能力问题，遇到重大钦案，堂官仍会挑选各司精干司官审理，全失设立现审左、右二司的初意。第二，京师官民消息灵通，长期固定现审司官员，易开交结串通之弊。因此，到乾隆六年，刑部奏准将左、右二现审司分别改为奉天、直隶二司，专核奉天、直隶两地案件，而将京师现审案件改由十七司轮流掣签派审（参见附录2：《嘉庆会典》所载刑部各机构设置）。

步军衙门、都察院五城等在对所管地区的刑案犯证进行初步审讯后，先对照律例对该案犯的罪行进行大致判断。如果是笞、杖轻罪，步军衙门、五城可以自行完结。如果涉及徒刑、流刑以上罪名，则要马上移送刑部。案犯移送到部后，由"当月处"的值班司官负责登记，查对步军衙门等处来文，将人犯收禁，证人等取保。随后值班司官将人犯送到提牢厅，由提牢主事掣签，将犯人收入南、北两监中人数较少的监房。其中同案犯要隔别监禁，以防串供。女犯会被单独安置在女监。宗室人犯不必押送刑部监狱，而是关在宗人府空房中待审。收禁次日，收禁犯人的值班司官将该案文卷呈堂，由堂官掣签，分配给十七清吏司中的一个审理。

不过，这一处理方式又重现了康熙年间的问题。如果案件重大，碰到本司繁冗或缺少干练官员的情况，就非常难办。面对这一问题，乾隆中期体制已近完备的秋审处给出了解决方案。这一时期，刑部律例最熟、能力最强的司员都聚集在秋审处，碰到现审的烦难案件，刑部将掣签与派审结合起来,除接案时仍将案件掣交某司审理外,由"当家堂官"指派秋审处干练司官若干名与之会审。在这种情况下,派审司官自然而然成为该案真正的主审官,本司人员不过"拱手陪坐"而已。总的来说,乾嘉年间派审的情况尚少,道光以后则逐渐形成现审大案无不派秋审处官的局面。到同治、光绪年间,现审大案则全由派审司官处理,本司官员似全然不必参与。晚清名宦沈家本担任刑部奉天司主稿时留下详细日记,其中提到,光绪九年九月本司掣得现审案一件,"堂派徐兆丰来司办现审,李念兹帮办现审……徐、李二君到司,现审有徐君办理,可以弛肩矣"。徐、李二人即堂派的秋审处官员。二人到司,身为本司主稿的沈家本便可以"弛肩",可知此时各司掣签现审不过名义而已,本司司官对案件已无过问的权责。

审讯与用刑

现审案件分配到司后,就进入了审理程序。乾隆以前,刑部现审有所谓汉人不问满事的倾向,这是延续了清廷在关外的习惯。在康熙中期以前,刑部审理旗人案件需要用满文录供,汉官虽然也可以参与审案,但看不懂供词，只能审阅经笔帖式[1]翻译后的招册。另外，许多案件涉及旗人内部的习惯、利益，汉官也不愿过多参与。因此，康熙四十三年以后，虽然旗人案件招供改为兼录满、汉双语，但汉官不问满案的习惯一直保持到乾隆末年。

不过，所谓汉官不问满案，也不能理解为绝对不过问。在清初，满官的文化水平普遍较低，对律例的理解更是远不能与汉官相比，满官即便遇到旗人案件，也往往会就律例的适用问题向汉官请教。康熙年间的律学家王明德在《读律佩觿》中记载，康熙九年他在刑部福建司任职时，旗下有一小叔收嫂[2]案送到本司，全司的满汉官员都找不到对应的律条处理，讨论了将近一个月还没有结果。当时刑部河南司的掌印满司官名叫库而康，平时学习汉文很是用功，他认为应该适用《大清律》中"出妻"一条注释中"期亲以杖一百、流三千里"。王明德解释说，《大清律》中"出妻""完娶"分属不同的条目，不能混淆在一起适用。几番辩论后，库而康对王明德十分佩服，其他满汉官员也都很认可。不过，该案最

---

[1] 清代各署衙中的翻译人员。
[2] 小叔收嫂，即兄死后，弟娶嫂为妻。这是中国古代北方民族常见的收继婚形式。满洲人入关前亦多行此举，入关后改用汉法，不准近亲收继。

终并没有按照王明德的意见断拟，而是由福建司掌印郎中宜成格裁定。由此可见，此时的满官虽然努力学习汉文与律例，但在熟练程度上还存在很大问题，遇到旗人案件，也需要与汉官讨论相应的法律适用问题。当然，最终的决策仍要由满官做出，汉官即便稍有异议，也不会越俎代庖。

乾隆、嘉庆以后，所谓汉官不问满事的惯例被逐渐打破，移送或是钦交的现审案件不分旗汉，普通案件由各司统筹分派官员审理，大案则由堂派的秋审处司官会审。与清代其他行政事务的做法相同，刑案派审一般都采取满汉兼用的做法，如一满一汉、两满两汉之类。

如果是本司审理的普通案件，本司多选派一满一汉两位司官坐堂。司官手写一票，命衙役送到南北二监，交司狱官提取人犯，由帮班禁卒押带至司听审。审讯大多安排在白天，如果案情复杂、限期紧迫，也会在夜间熬审。至于堂派秋审处司官到司会审的案件，审讯安排须以秋审处司官为准。秋审处部案累累，如果正值秋审核稿之期，更是繁忙，拖延的时间往往更长。至于钦命刑部与其他衙门会审的案件，虽然谕旨上通常指派由某大臣前往会审，但真正到堂参与审讯的多是该大臣所在衙门的司官。当然，如果是极其重大的钦案，特别针对高级官员的政治类案件，也有钦派亲王大臣与刑部堂官同堂会审的情况。如雍正朝审理有关年羹尧的一系列案件时，就多以亲王、重臣会同刑部审理。《文献丛编》中收录有《戴铎口供》一份。戴铎系雍正帝潜邸亲信，因为与年羹尧关系匪浅，此时亦被牵连在内，押赴京师受审。对于这样的人物，如果仅以刑部司官坐堂，必然被其轻视。因此雍正帝命他最亲信的弟弟怡亲王允祥与刑部会审。《戴铎口供》开头写"十三王爷同大人问"，即指怡亲王与刑部堂官当堂所问。

在问讯过程中，理想的方式是运用"听辨五辞"，即运用《尚书·吕刑》中提出的辞、色、气、耳、目五种方式理刑狱、求民情，要以诚待之、以理鞫之，则"未有不得其实者"。但是，受刑侦技术局限，清代刑官问案，还是以口供为重，是以刑讯一事，在审讯中几乎不能避免。刑部官员刑讯犯人一般以掌嘴、杖刑为主，对拒不招认的重犯可用夹棍、拶指。审讯三品以上大员，如需动刑，则要事先请旨。刑部的刑具由四川司掌管，按例设有"夹棍十副、拶指十副、枷一百四十具、板二十副、镣锁各八百件，又扛子二十根"，各依典章制造。但事实上，刑具的规格也并非那样统一，衙役借此上下其手，收受贿赂。这样的情况在清初比较常见，连康熙帝也有耳闻，并曾亲自告诫刑部堂官："犯人各有应得之罪，今闻尔部枷孔大小不一，板有厚薄。贿嘱者板薄而孔大，否则板厚而孔小……此等情弊尔等宜亲行严察禁止。"

刑部官员虽然以慎刑自勉，但常年从事审讯工作，对刑讯的危害也难免冷漠麻木。越是遇到疑难大案，特别是限期迫近、经过皇帝亲自督促的案件时，刑部官员用刑的力度就越大。如嘉庆九年二月，刑部部内的赃罚库被盗，涉及看库吏役、兵丁二十余人，屡供屡翻，审讯数月，毫无结果。嘉庆帝大为震怒，下旨痛斥：刑部是天下刑名总汇，自己衙门被盗了都这么久破不了案，其他棘手大案，还能指望你们迅速审理清楚吗？此后，皇帝又多次就此事对刑部提出批评，使刑部堂司备感压力。为了早日审结此案，刑部将疑犯反复刑求，二十余人"备受各刑，体无完肤"。与之类似的是道光二年刑部承审的御史常赓滥责酿命一案，刑部在审讯中直接将本案要证唐七刑讯毙命。不过，刑部地处京师，上有皇帝，旁有科道言官，与地方官署一手遮天的情形还是有所不同。刑部如果出现刑讯过度的情况，会被言官揭发弹劾，引来皇帝的干预。前举嘉庆、道光时期两案，都是如此。

定稿与上奏

刑部官员在问讯犯人时由书吏为犯人录供，如系徒、流轻罪，司官即可就供拟出判语，呈堂发落。一件案子通常由满汉两名司官审理，二人须商酌办理；如果出现抵牾，难免要有一番争论。乾隆年间的刑部司官王友亮就记载过这样一件事，他说："乾隆五十年我在刑部当司官，接到某甲偷砍了自己家祖坟上两棵树卖了的案子。我们司的书吏说应该刺字。我表示律例上没有这种规定。书吏说虽然没有这样的规定，但是前不久浙江司刚接到了类似的案子，他们将案犯某乙比照窃盗之例刺了字，咱们也照此办理吧。和我一起办案的满洲主事五泰有些拿不定主意。我说：'不应该这样判。子孙盗窃父祖的财产，父祖会对他施以家法，但不会将事情公诸于街市，是不忍心子孙留下盗贼的名声。那么盗祖坟上的树木和盗父祖的财产有什么区别呢？将他施以杖刑就可以了。如果刺字，就是将他的偷盗行为公诸于世，绝了他的自新之路，他父祖的在天之灵也会伤心。法律当然不可以任意增减，但愚民无知，如果深文周纳，比照不孝律治罪，那杀了他都不过分，何况是刺字呢？'五泰说：'你说的很对，不过，本案的某甲和浙江司的某乙都是贫民无赖，以后一定都会再犯，那么在稽查他们的案底时，尚书大人一定认为浙江司刺字的做法对，而咱们则会因为宽纵而受到处分。不过你说的也有道理。唉，就算有一天会受处分，我愿意和你一起领受。'一年以后，果然如五泰所言，吏部将我们俩分别给予了罚俸半年的处分，而在续修条例时，还增加了不能因为盗窃的赃物价值不高而免于刺字的条款。我在刑部工作六年，经常和人意见不一致，五泰公这样的同事真是不易得啊！"

此案系王友亮与五泰二人承审。二人本意将该犯按律定罪，被书吏告知浙江司有从严的成案在先。王友亮坚持原议，不肯俯就。五泰深知其时政尚严厉，本案如与浙江司所断不一，碰到犯人复犯，自己作为承审司官难免要因为"误出人罪"受到处分。五泰明知处分在即，能慨然与王友亮"分任之"，同事之谊颇笃。而从王友亮的感慨中也可以体会出，同审司官之间对案情与法律适用出现争执，在当时是比较常见的情况。

如果是钦交重案，司官在审讯后，应将口供送各堂官审阅。经堂官确认后，司官不必再同地方官那样拟写招册、看语等文书[1]，而是直接拟写奏稿。现审案件的奏稿与直省刑案题本、奏折的形式不同，既需要包括刑部对该案的叙述，也需要包括犯证的供词。因此，有经验的刑部司官在问口供时必须兼顾奏稿的内容，如果供词与最终适用的律例有出入之处，就很棘手。光绪年间的兵部司官陈夔龙、工部司官端方在与刑部会审大凌河马

---

[1] 招册、看语都是清代刑案审断中的文书形式。招册即记录犯人供词的册子，看语即审官对案件的判决意见。

场一案时，趁刑部司官不在场时，问出犯人口供，刑部司官却说："这件案子你们二位变着法地让犯人招供，甚好甚好。但是供词里叙述的情节，很难与律例对得上，我们没办法拟定结案报告上奏，只能重新审理，再录正供。"陈夔龙认为这是刑部司官自己审不出实情，看到他们取得了口供，这些人面子上过不去，才故作挑剔之语。站在陈夔龙的角度上，这样的说法固然不无道理，但可能内中也确有陈、端等人不知道刑部问供要领的原因。

钦交案件特别重大，有时也由精通律例的刑部堂官，即尚书、侍郎亲自拟写奏稿。薛允升因为极善作稿，任司官时与同事蔡赓良并称为"薛三千、蔡万言"。他在升任堂官后也常常亲拟奏稿，审理江宁三牌楼一案时就曾"闭门八日，手治爰书"。

京师现审的死刑案件，刑部在初审后，还要有"三法司会审"的程序。即刑部初审官将审讯口供抄送都察院、大理寺各一份，由院、寺择期派出官员到刑部会审。最终结案的题本也要由三法司堂官共同署名。不过在实际运作中，"会法"极少有推翻初审的情况，特别是乾隆以后，现审会法的程序完全流于形式。

刑部将结案报告拟好后，即可上奏。需要特别提到的是，一些重要的钦交大案，皇帝常常在办案过程中就向刑部堂官询问审理进度。一些殷勤主动的堂官，也往往愿意及时将审理的情况向皇帝汇报。这样的做法固然对督促刑部审案、避免拖延扰累有正面作用,但另一方面,皇帝在了解案情时,往往要发表自己的看法,这又给刑部的审理带来一些麻烦。案件讯问未尽,许多情节还没有弄明白,或有反复也未可知。而皇帝并非审官,对全案掌握并不清楚,听堂官口奏几句,难免产生先入为主的主观猜测。皇帝的身份又决定他一旦说出自己的看法,很容易造成审官先意承志,顺从其思路进行后续问讯的结果,审讯客观性难以得到保障。道光元年,新登基的道光帝向群臣问政,刑部尚书那彦成密奏说:"先帝勤政爱民,特别看重人命大案,所以对刑名事务尤其留意。有些奉旨会审的大案,会要求刑部当天取供,随时面奏,不许拖延。在面奏过程中,先帝与刑部堂官论说,则堂官可能会根据先帝的言谈倾向进行揣度,再审案时难免心存成见、畸轻畸重。何况当天取供,审讯时间很短,怎么能够磨出实情?而一经上奏,则不能再改,最终的审理结果必然就有错误。这样名为急公,其实是难以公平的。"这是皇帝直接干预钦案审理之弊端。

附记:本文部分内容曾发表于《清史参考》2018年第23期,原标题为《清代刑部对案件的审理》。

笔尖儿立扫千人命：清代的秋审与秋审处

秋审是清代官方一项兼具仪式性与实用性的重大政务活动。从清代档案中可以看到，当时的死刑犯在被判处斩刑、绞刑后立即处决的比例很低，绝大多数都要监候处理，在法律上被称为斩监候、绞监候。监候犯人在每年秋天要再经过一次覆审，称为秋审，以符合"春生秋杀"的自然规律，体现朝廷的恤刑仁政。秋审结果分为情实、缓决、可矜、承嗣留养四个档次。秋审如定为情实，经皇帝勾决，即在当年处死；如定为缓决，则留待下一年秋审再次核定；如定为可矜，则根据罪情轻重，减等流放；如罪有可原，且身为独子、父母年老，则可依照"承嗣留养"的规定，改判杖一百、枷号三个月，随后放回家中，赡养父母。

地方秋审

秋审的办理由中央和地方两个环节组成。地方秋审包括拟勘与会审两个阶段,其大致程序是:"每年二月、三月先由臬司拟定实、缓、可矜详由,督抚复勘。勘后督抚会同藩司、各道,择日同进臬署,亲提人犯,当堂唱名。确加看语,于五月以前具题咨部,谓之外尾(又称本尾、后尾)。"

按照制度安排,所谓拟勘,由按察使拟定,送督抚复勘。但在实际的秋审办理中,按察使与督抚的话语权因人而异。大体来说,按察使专任刑名,衙门内又聘有专办秋审事务的幕友,督抚对他的意见应予以充分的尊重。不过,如果按察使资历较浅、督抚通晓刑名,那么督抚也多有驳改按察使初拟的举动。而案件一旦经督抚更定,按察使大多不敢持有异议。雍正年间的河南按察使沈起元到任后"尽取原案查阅,研究案情,有历来缓决而确应情实者,或实属可矜者,一一手定改拟看语"。这些缓决案件本是河南巡抚尹会一历年所定,沈起元更定尹氏所定旧案,是冒着得罪巡抚的风险。幸而尹巡抚"绝不以翻己案为嫌,率皆许可",沈氏遂感念"尹公虚怀不易得"。乾隆中期以后,各省秋审失出、失入处分,虽督抚、臬司各有处分,但如果抚、臬中的一人系刑部司官出身，往往特旨从重处分；如未曾办理过刑名事务，则从轻处分。

至于会审环节，则多流于形式，且近乎聚众娱乐的活动。雍正帝曾批评说："我听说各省每年进行秋审覆核的时候，不论案子有多少件，一定要在一天之内讨论出结果，而且讨论的时候，都是督抚一言堂，不但知府、知县不敢多话，即便臬司、道台大员也闭口不言。这样的人命大事，轻重定于顷刻之间，是非决于一人之口，还像话吗？再说深一层，实际上，案件的轻重，即便督抚也不一定清楚，都是督抚衙门的刑名师爷一手操办，写一个摘要贴在档案上，应付了事而已。还有的省在秋审会议当天，张灯结彩、鼓乐喧天，审到中午就结束了正事，然后摆宴设酒，大吃大喝，甚至还有演戏唱堂会的事情。"

罗养儒记载晚清云南秋审的会审更为详细。他说："每年夏天五月，臬司就通知各厅、州、县，把关在监狱里的斩监候、绞监候犯人都押解到省城，七月份齐集昆明，听候巡抚大人审讯，然后向刑部汇报……会审当天，巡抚高座大堂，四名司、道官员分坐两旁。衙役押解着人犯到堂上听审。犯人们身着红布制成的囚衣，背上写着籍贯、姓名、年龄，脖子上戴着铁链，脚上戴着镣铐，从右边的头门、二门踉跄而入。或十人一排，或八人一排,匐匍堂前。书吏手持名单高唱犯人姓名,堂下犯人应声而答:'到。'巡抚就取过案上的名单,用朱笔在该犯名字上加一红点。书吏再将犯人所犯的事由念诵一遍,问:'是不是这样?'犯人回答:'是。'巡抚就在他名字下面写上'照录原供送部'六个字。一排犯人询问一过,每人赏给馒头两个、酒一碗、肉一方,退下堂去。第二排犯人再上堂来,一切如前。所有犯人审问完毕,巡抚、司道退堂。这就是所谓的审录。"

可见晚清地方秋审的会审环节与雍正年间一样,都是形式化的过场,于犯人拟实拟缓几无影响。

秋审处的机构设置

相对于地方的秋审来说,中央的秋审程序要复杂、严谨得多,由司至堂须经数十人之手,职责划分也非常明确,所谓秋审的作用也主要体现于此。

康熙年间,秋审事务经刑部各司核查后,由政务清闲的四川司汇总。到雍正年间,由于四川地区移民涌入、人口大量增加,各类治安案件激增,四川司开始由简转繁,再承担秋审重任显得力不从心。于是到雍正十二年,秋审不再由四川司负责,而另外设局,派遣司官统一办理。秋审在中央的具体承办机构是刑部的秋审处。秋审处本身并没有"编制",由刑部堂官从各司选派通晓律例、精明强干者充任,资深者称总办、提调、协办,资浅者称行走。

不过,雍正年间秋审处仍然以办理招册制作、刊刻印刷等事务性工作为主,到乾隆年间才发生根本变化。从乾隆七年起,秋审处开始针对秋审案件展开工作,即核定情节、分别实缓,目的是防止各司分别办理,造成办案尺度畸轻畸重。到乾隆中期,秋审处逐渐形成了一种行政运作模式,即每年刑部负责审核外省刑名案件的十七个清吏司,由堂官选派满、汉司官各一员,专办本年秋审之事,各本司抄录案件,每十起为一册。本司用蓝笔删改,逐案拟定看语,加目录送到秋审处。总办司员用紫笔覆校,增删案身,并改订看语。如果案情复杂,需要呈堂会议者,则著明"临时商定"字眼,别立一册记录。

至此,秋审处承上启下,握秋审之总纲,其重要性已经显露无遗。由于秋审处的总办、协办之名是差遣而非本职,因此有着相当的灵活性。所派司官都是刑部"通晓律例,才具出众"之人,且与堂官关系亲密。秋审处司官最初的工作是核定秋审实缓,但很快就发展成为一支灵活机动的"救火队",帮助各司审理疑难大案,以及充当钦差大臣的助手到各省办案,进而成为整个刑部的指挥部，兼有业务部门和职能部门的双重职能。

雍正十二年秋审处成立时，只派有总办司官满汉各二员。乾隆七年增协办司官满汉各二员，并不断增加。到嘉庆初年，秋审处司官达到二十余员，此后基本稳定在这个规模上。其中总办在刑部司官中地位最高，总办升任或离部后，多由协办递补。到同治、光绪年间，秋审处主要司官的称谓变为坐办、提调，与此前的总办、协办相对应。其时，秋审处之坐办、提调司官共有八位，被认为在刑部中律例最精、人品最正。每逢大案，必从中选人主审，名气极大，故有"八大圣人"之誉。

秋审处的运作模式

秋审是国家大典，一年内全部的重案集于一时。监候人犯是生是死，秋审处司官有着最重要的话语权。秋审实缓最初并没有条文依据，全凭办理者准情酌理、运乎一心。乾隆年间的秋审总办阿永阿在核定秋审册时，曾化用《西厢记》中语，扬笔感慨道："此可谓笔尖儿立扫千人命也。"可见其职责之重大。

每年的七八月份，是秋审司议、堂议、九卿会议，以至最后请旨勾决的时间，秋审处的工作强度极大。晚清著名律学家沈家本在日记中记载了他办理光绪十九年秋审时的情形。他从当年的二月二十七日开始看秋审册,几乎无日不看。如果白天另有现审案件或其他公务,就要在晚间"灯下检点"。七月初十,秋审册看完呈堂,二十九日开始连续三天司议,都是九点上班,一直议到一点吃午饭,再议到五点方散。司议最后一天,沈家本前夜"腹大泻不止,倦甚",归寓后即"伏枕卧,寒热大作,入夜即昏沉睡去"。第二天还要到衙门堂议,全无休息的机会。

除了工作强度特大之外,总办司官在核定秋审时,还要承担来自部内部外的很多压力。秋审处本身是刑部人才聚集之地,竞争最为激烈。按照程序,秋审处将秋审招册给出"总看"意见后,要与各省按察司的外拟意见核对,实、缓不符者就要呈堂讨论,称为"堂议"。堂议时,如果堂、司之间意见不和,那些精于法律的秋审处司官常常能够坚持己见,与上司争得面红耳赤,甚至"退而上书,洋洋数千言,反复条辨"。可以想见,这样的行为有着"仕途沉滞"的风险。不过,如果堂官心胸宽广、爱惜人才,敢于如此的司官反而更容易获得赏识,在秋审处,这样的情况是屡见不鲜的。

堂议之后,刑部还要将讨论结果提交九卿科道会议,此后更要送呈皇帝勾决。对于九卿科道的不合理意见,刑部多会倚仗专业背景和主稿衙门的制度优势顶住,但来自于九重之上皇帝的压力却让他们战战兢兢。秋审勾决是皇帝集中考查刑部工作的窗口，一旦有案件办理失当或是不合皇帝的心意，刑部官员常常当即就被处分，对仕途前程大为不利。特别是在乾隆年间，由于皇帝忌讳臣子沽名钓誉，因此刑部稍有宽容之处，圣旨即特意改严。而刑部如果主动从严，又要被责难这是陷皇帝于不仁。如乾隆四十二年，皇帝看到秋审招册中"金刃斗殴致死人命者"很多都拟为缓决，非常不满，认为秋审处"存阴骘之见，曲从开脱，实乖明允之道"。刑部先意承志，马上补充名单，将涉及金刃事件的一百八十余人全部拟入"情实"名单进呈，却又被乾隆帝责怪"请于本年即行改正，竟似朕急欲多勾百十人，实属误会朕意"。搞得刑部左右为难。

秋审处的人事机制

不过，对秋审处的主要司官来说，能够获得的荣誉、机会和所承担的压力也是成正比的。由于同堂官交往密切，乾隆中期以后每逢京察，刑部都有非秋审处司官不列一等的惯例。不但如此，刑部堂官还常常以秋审大典在即为名，将已经升任他职的总办司官留在刑部办事。六部司官中唯有秋审处司官有这样的殊荣。另外，由于皇帝对秋审格外重视，所以秋审处的主要官员也往往能直接得到皇帝赏识。在清代，高级文官的位子大多被翰林出身的官员占据，相对于翰林，六部司官是"风尘俗吏"，要想坐到部堂高位，是很困难的。不过，秋审处司官完全不受此限。从乾隆、嘉庆年间起，刑部秋审处司官的仕途前程，几可与皇帝的秘书——军机章京相埒，"出任按察司，入任侍郎、尚书"。更有甚者，在秋审处初兴的乾隆年间，皇帝为了能使精通律例的该处司官早日回任刑部堂官，常将他们破例超擢。

如乾隆二十八年，秋审处总办郎中尹嘉铨升任济东道前受到乾隆帝召见。皇帝向他询问："总办秋审，汝袍阿永阿、蔡鸿业何如？"尹嘉铨回奏："阿永阿明决，蔡鸿业练达，臣实不如。惟有悉心校对招册，不敢草率。"皇帝首肯说："汝办事着实，想与四达同。"乾隆帝提到的阿永阿、蔡鸿业、四达三人，后来都官至本部侍郎。其中阿永阿以五品刑部郎中超擢三品陕西按察使，蔡鸿业外放四品道员后不久即超擢二品的刑部侍郎，四达更是以本部五品之郎中就地升为二品之侍郎。

又如嘉庆年间的秋审处总办陈若霖特别受到嘉庆帝的赏识。嘉庆九年，陈若霖在刑部任期已满，获得外放繁缺知府的机会，但因为秋审事务正咨核办，刑部堂官奏请将他留部办事，得到皇帝的准允。嘉庆十年、十二年，陈若霖两次京察考核列为一等，都奉旨交军机处记名，遇缺先补。军机处欲将他补授浙江宁绍台道，嘉庆帝又亲自表示："刑部陈若霖总承部务多年，最为出力，朕曾两次记名。此时刑部离他不得，他日当用为按察使。"嘉庆十三年，陈若霖总算被正式补放四川盐茶道，面见皇帝请训时，嘉庆帝当面褒奖他："汝系刑部好司官，锐意奉公，承总多年，朕所深知，朕即记汝为按察使。"果然，陈若霖一抵四川，就奉命署理本省按察使，并迅速转为实缺。一个五品部郎，能得到皇帝这样的了解、嘉许与破格提拔，在六部司官中非常罕见。

事实上，从嘉庆年间起，秋审处的总办司官就渐渐有了从刑部的业务精英转向部内综合事务总管的倾向，清人谓之"承总部务"，其重要表现是兼管部内多个部门。刑部除设清吏司分核各省刑案之外，另有许多分办专项事务的部门。其重要者如保存文书、档案的档房，修订律例的律例馆，负责催办各司办事进度的督催所，管理书吏的司务厅，管理本部补贴银两发放的饭银处，负责保管赃银赃物的赃罚库，等等。这些机构如同现在的"临时性常设机构"，大多没有正式"编制"，要从司官中选择精明强干、熟悉律例的人兼办。而刑部最为熟谙能干的司官又集于秋审处，因此秋审处总办、协办司官经常被委派管理这些部门。

因为秋审处司官地位重要、责任重大，所以凡进入秋审处者，一定要经验丰富、熟悉法律，汉司官最好还要进士出身。嘉庆十九年，因为秋审处一时缺人，堂官派捐纳的司官七人，在秋审处学习行走，结果被御史参奏。嘉庆帝向管部大学士董诰询问后，即命刑部将此七员全部退出秋审处，回本司行走。光绪八年，因为水灾严重，御史张佩纶上奏，请朝廷"儆惕修省"，重点提到"近年刑部秋审处委派不甚公平"，所以刑案办得很不妥当，以致上干天和、水灾泛滥。可见秋审处不单在刑部地位最重，其司官人选在整个朝廷内也备受关注。因此刑部堂官对秋审司官虽有委派全权，也需要公正行事，接受皇帝和言官的监督。

秋审处职能的转变，不但促进了秋审制度的完善，更在很大程度上改变了清代刑部的人事管理模式。灵活的用人机制，特别是秋审处司官光明的仕途前程，给了刑部司官强劲的工作动力。秋审处司官的选取以"通晓律例，善于作稿"为标准，在凭借八股文科举入仕的士大夫队伍中，是难得的技术官僚，与河工、边才并称为"专家学"。因为秋审处司官前程远大，所以初分刑部的年轻司官凡有上进之心，无不寄望于早日派办秋审，自然要努力钻研律例。加之乾隆中期以后，刑部堂官亦多系秋审处老司官出身，感情因素使然，对该处新进多有栽培。如晚清著名的律学家薛允升、沈家本,都由秋审处司官外放,数年后回任刑部堂官。他们每每指导新入刑曹的年轻司官要"多看秋审",并为之"摘要指示",此后用人亦以看秋审之成绩,为派"乌布"[1]之根据。代代相传的良性竞争氛围,带动了部内精研例案的学习风气,为推动清代刑部的法律专业进程奠定了人才基础。

附记:本文曾发表于《清史参考》2015年第3期,原标题为《清代刑部秋审处及其司官》。

---

[1] 满语"差事"之意。

清代刑部的提牢官

清代京师地区的监狱并不是像今天这样建在城郊地带，而是直接建在最高法律主管机构——刑部衙门之内。刑部衙门设有提牢厅、司狱司，管理部内南、北两座监狱的一切事务。司狱司有常设的管狱官，称为"司狱"。提牢厅则无定员，由刑部长官临时从各处抽调满、汉主事各一人，委派为提牢官，任期一年。

新官试金石

在刑部内，提牢这个差事有两个特点：第一是门槛低、任期短；第二是责任重、处分多。因此，担当这个差事，颇有刑部年轻司官试金石的意味，能获得提牢一差并任满无差错者，日后在部内多能获得光明的前程。按照当时的人事制度，新科进士中的一部分人会被分配到中央六部工作，称为"在额外主事上学习行走"，大概可以算作今天的实习阶段。学习三年经堂官奏留，才能获得挨次补缺的机会，获得司官中的最低职位"主事"。清代中期以后六部人多缺少，候补时间越来越长，到晚清甚至有一等十几年的情况。至于捐纳或是其他途径分部任职的，等候补缺的时间要比进士更长得多。在这种情况下，被委派为提牢，是刑部新司官一个缩短补缺时间的好机会。一则提牢只以主事委派，且因为工作强度很大，就要选用年富力强的新任司官。更重要的是，提牢只要当差一年就可以参加考核，考核合格后则不必按资历"排队"，而是直接补授主事实缺。因此，提牢一差在未得实缺的新进司官中极为抢手，如果一个人入部后短期内即派充提牢，同僚们甚至会怀疑他是否与某堂官有密切的私人关系。按照当时的制度，刑部每年择定满、汉主事各二人，分成两组，一组正式推荐，一组作为后备。两组人员在本部堂官的带领下进宫面见皇帝，经皇帝批准后，前一组当年派充，后一组次年接任，如此连续不断。

晚清著名律学家、"三司寇"之一赵舒翘就曾担任提牢。任满一年后，他对清代监狱内的行政运作很有心得，写成了《提牢备考》一书，是清代监狱管理的集大成之作。赵舒翘在自序中说："己卯年（光绪五年）八月间，堂宪派翘提牢拟陪。自念以孤寒，杂厕曹末，忽蒙上官谬加赏识，惧弗胜任，贻殒越羞，自此益凛凛。"赵舒翘是同治十三年进士，晚清六部仕途滞碍，正途出身的他到部六年获得提牢拟陪的机会，仍有望外之喜。

处分压力

提牢官虽然是刑部司官补缺的终南捷径，可事务最繁、责任最重，对充任者的能力有着极大考验。刑部有南北两监，看押京师地区徒刑以上罪犯、各地押解来的大案重犯，特别是钦案官犯，同时在押的犯人最少也有两百多人。提牢之下有司狱八员，禁卒额设一百二十人，实则有五六百人。南北两监各有两层狱门，平时各有两名司狱在狱门内值班，满汉二提牢五日一班，轮流在狱门外厅上办事。每天早晚发放饭食时两次入狱察看，晚上狱门封锁后才能下班回家。提牢的日常工作包括：接收各处新送到的人犯，用掣签的方式将他们均匀安置在南北两监各监房内，等候各司提审；支领并发放囚粮、煤炭、药物，冬给袄裤、夏给冰扇；监督司狱、禁卒，不许他们做出如克扣犯人物品、对犯人滥用私刑、调戏女犯、收受贿赂帮助犯人传递消息之类营私舞弊的勾当。如果犯人生病，或在审讯中受刑负伤，还要负责记录备案，延请医生。如果犯人死在狱中，则要接受御史的检查，并联系家属处理后事。等到秋谳之前，还要做好决囚的准备工作，防止犯人自杀，等等。

这一系列的日常工作看似寻常，实则处处都要留心，否则很难落实。如监狱的开支中原有病号饭一项，每月二十四两银子。但不知何时被书吏"涂篡为单衣药引，以致款项混淆，徒资中饱"，是以多年来体恤病囚，都要由提牢官们捐俸自办，难以为继。同治年间的提牢熊起磻和刑部管理饭食银库的库官景文、陈惺训商议，以后这笔款项由库官亲手交给提牢，不再经书吏之手，使得款项终于得以落实。当然，这就要以熊主事被书吏们"嫌怨"为代价。而提牢一旦心粗手懒，譬如不亲自参加每天的放饭，将其交给司狱，就没有了和犯人直接接触的渠道，失去对狱吏的监督机会，以致禁卒怠弛而无所畏，新犯屈抑而无从诉。种种弊端，由此而起。

因为事务繁琐复杂，提牢官所要面对的处分也最多。斩绞人犯在监内自缢、聚赌、强横不法，狱卒番役受贿滥禁、凌虐人犯、克扣衣粮，家属违例探视、传递消息，以及监毙人犯过多等问题，都被列为提牢的"公罪"。一经出现，罚俸、降级处分在所难免。因此，当时通常的做法是，年轻的候补主事一接到提牢的差使，就要先花钱捐一些加级，与轻微的降级处分相抵消，保住现有的官位。

除了这些繁琐的日常工作外，提牢还常常碰到临时出现的复杂问题。其中最严重的是监犯越狱，甚至大规模反狱。在道光以前，如果犯人越狱，提牢就要受到革职留任的处分。道光十三年四月，有官犯李相清从刑部越狱。皇帝大怒，将提牢富海、司狱马长柱特旨革职，不得留任，并修改定例：嗣后有越狱、反狱之事，提牢即便只是疏于防范，没有勾结情弊，也按照私罪严参，革职不得留任。此外，根据刑部的惯例，满汉两位提牢五日轮一班。如果出现大规模反狱，虽然当天值班者系满提牢，汉提牢因为平日失于检查，也要受到降三级调用的处分；反之亦然。同治二十年，御史胡庆源上奏称："刑部之弊必不能革者，盖提牢之权太轻而处分太重。"因为南北监的狱卒大多世代相袭，对监狱和监犯的熟悉程度远过于任期只有一年的提牢官。提牢官对狱卒的管理稍一认真，禁卒"舞弊以逐其官，使之罢职而去，易如反掌"，是以"官之黜陟听命于禁卒之手，故禁卒有所挟制而官不敢问"。胡庆源建议减轻提牢官的因公处分，使其免受禁卒的挟制，放胆管理。朝廷听从了他的建议，将越狱疏防的当值提牢改为降三级调用，不值班者改为降一级调用。

事实上，无论革职还是降调，对一个六品候补主事的仕途来讲，都是致命打击。因此，晚清"三司寇"之一赵舒翘在奉派提牢之前，拒绝了别人让他捐加级的建议，他说："翘又念今得此，已属意想不到，若应失官，则是天为之也。即有一级何益。况欲捐级，必须借贷，失官后岂不更增一累？似不如就职分当尽者，竭诚致慎以结天知，或可无事也。"可见他在上任之前，已经对提牢一差的艰巨性有了充分的心理准备。

如果监狱中关押要犯，提牢更要战战兢兢。乾隆末年王伦起义被镇压后，大量参与者被解往刑部受审。与此同时，刑部监狱中又有二次金川战争后献俘的金川土司首领及其家属在内，一时"囹圄为满"，刑部压力极大。时任提牢主事的李世望带着铺盖连日住在提牢厅内，指挥禁卒谨慎防范，被堂官视为两案顺利完结的首功。

经费压力

除了严防反狱这样的重大突发事件外，如果监狱里陡增一项临时性大开销，也让提牢备感烦难。清代的财政奏销制度非常严格，每有项目、数量的增减都要请旨，经户部议奏办理，有事临时增加的可行性很小。除了正式的拨款之外，刑部自己还有些相对灵活的经费，即部内的饭食银，主要来源有两个方面。一是由各省在征收税银时额外多征一些，随正税一起解送到京，交刑部饭银库保管，这笔银子每年大约在两万两左右。二是乾隆二十八年以后，各省及本部赎锾案件中的赎罪银，主体解往户部，刑部从每两中抽头五分，也作为饭食银收库。饭食银的最重要用途是为部内的堂司官员、书吏、差役等人发放补贴，称为"月例"。如光绪年间提牢主事每月可得饭银十五两、茶水银三两；禁卒每人每天得钱八百文到一千文；囚粮经费、粥菜汤菜、避瘟香料等也在月例之内。此外又有"随时支领"一项，有时发放，有时则不发放，且数量较少，用于应对一些临时的开支尚可，一旦碰到大的开支，刑部官方几乎再不能提供对提牢的经费支持，一切开销都要自行筹措。

监狱的临时开销中最重要一项是修缮监室。刑部在大清门西侧，故称为西曹。其地势最洼，"长夏淫霖，大门以内水入车箱，各司皆以木床为甬路而后可入"，遂有"水淹三法司"之称。而在刑部内，南北两监的地势又最低。如光绪十六年六月一场罕见的大雨后，刑部房屋无一间不漏，至于提牢厅则"全行坍塌，监内橱灶被水冲没，不能做饭"，因为水无出路，"署中大院之水深尺许，监内之水深二尺许，无处宣泄"。因此，开渠引水、重垒坍塌的围墙、大规模清理监室，是提牢官们入夏以后经常碰到的问题。此外，如果犯人一时过多，而监狱狭窄、通风不便，可能会导致疫情肆虐。这也需要提牢筹措经费，为监房增加窗牖、厕坑等设施，保持监内卫生。

这些修缮经费既然不能由朝廷或刑部官方提供，就只能使用募捐的方式。雍正、乾隆年间政尚严厉，刑部监狱内关押的官犯很多，其中高官大员亦复不少。这些在监或者曾经在监的官员们，经济实力雄厚，身陷牢狱，既希望居住环境有所改善，也有向刑部买好的心思。因此，一旦提牢号召捐款，就颇有"乐输恐后"者。晚清法纪松弛，对官员的约束力尤弱，刑部在押的官犯数量很少，由在押官员捐款修缮工程的可能性不大。是以碰到小修小补的事情，只能由提牢主事自己捐资办理；碰到大问题时，则转向社会募捐。提牢官自己为公务捐款十分常见。赵舒翘担任提牢时，因为家境困难，捐助无力，"一任所办各事均系堂宪潘[1]及友朋捐助"。至于提牢在外谋求捐助之举，在晚清更是常态。提牢厅每年获得的社会捐助在一千两到两千两白银之间，提牢官们会把临时不用的银子放到京城的商号中获取利息，争取更多的收入。虽然大家都深知"提牢如有惠政，无财实不可为"，而依靠"在外托钵"的筹款方式并非长久之计，但制度所限，也无可奈何。光绪年间"庚子之乱"后，

---

[1] 时任刑部尚书潘祖荫。

刑部遭到土匪洗劫，南北两监差役所居房屋及值更房屋门窗器用多半损失，内外厅家具全数无存，其中南监残毁情形较北监犹重，几乎已成废墟。战争之后，府库匮竭，无从支领。面对这样一大笔费用，提牢官毫无办法，只能一面左支右绌，一面将问题上交部堂，酌情处理。

人事压力

除了以上两件难题外，如果监狱内关押着重要官犯，与之相关的错综复杂的人事纠葛，也会给提牢官带来不少麻烦。乾隆初年的左副都御史仲永檀是首辅、大学士鄂尔泰的门生，后被论罪下狱，在狱中得了重病。仲永檀作为三品高官，在监狱中患病，按照惯例，应该由刑部堂官向皇帝奏明，准许他出狱治病。可时任刑部尚书的张照与鄂尔泰势同水火，正欲置仲永檀于死地，拒不听从提牢主事袁德达照章办理的建议，并以仲永檀系袁德达座师之事相讥讽。袁德达入刑部后，本来深得张照的赏识，因为很快被委派了提牢一差，同僚们甚至怀疑他是张照的"私人"。不过，面对张照这种挟私报复的做法，袁德达毫无妥协，说："此刑部例也，以例请，是提牢职，非私仲。仲故当死，死亦可于狱，独刑部不可违例死仲于狱。由提牢，提牢乱刑部法，刑部乱天子法。

某何人，将恐有任其咎者。"张照无动于衷。在一旁的同僚都拉扯袁德达的衣角，不让他再说下去。袁德达执意力谏，惹得张照大怒而去。此事在张照的坚持下，以仲永檀"死于狱"告终。幸而张照很快丁忧卸任，否则袁德达在刑部的仕途堪忧。

晚清官犯较少，提牢这方面的压力也减轻不少。在赵舒翘看来，如果仅有的两位满汉提牢能善于处事，遇事合衷，那么提牢虽然繁难，但"法制严肃、事权归一"，比在各司办事少了许多掣肘争竞的麻烦，人际关系方面的顾虑是比较少的，因此平安任满也并非难事。

恤囚福报

乾隆年间的管部大学士英廉曾告诫新上任的提牢主事，"刑部十八司（的职责是）执法，提牢职司恤囚"，强调提牢主事与执法不阿的十八司司官相比，更要具有仁恕悲悯之心。清人受佛教因果轮回观念的影响，通常认为在刑部做官，要对人命生杀负有重大责任，是个"易造孽"的差事。但提牢官与一般的刑部司官不同，如果能够认真履行恤囚的职责，保全囚犯的性命，是很容易获得福报的。清代刑部的提牢官们一直以两个人为榜样。第一位是雍正年间的司狱梁文标。他从不收受官犯贿赂、自行出资为囚犯做新棉衣的事迹被雍正知道后，特旨将他从司狱杂佐升授本部主事，仍管狱事。其子梁国治在乾隆十三年高中状元，累迁东阁大学士，被认为是他在任司狱时积下的阴功。第二位是道光年间的刑部司官李文安。他在担任提牢主事时兢兢业业，对囚犯非常体恤仁爱，所以被认为"积厚流光，后嗣繁昌"，有了李瀚章、李鸿章这样显赫的儿子。

在《提牢琐记》《提牢备考》《庚辛提牢笔记》这些提牢官们的著作中，对于"恤囚"的追求，始终渗透在字里行间。得以委派提牢的刑部司官，多系精明能干、年富力强者，一年任满后，往往能充任各司掌印、主稿，甚至派办秋审等差，成为刑部谳狱工作的骨干。提牢的经历使他们得以遍观囚犯们"临风最惨锒铛响"的惨状，借此培养哀矜心，归司审谳断狱时回忆起这段提牢经历，可以如履薄冰，慎重人命。

附记：本文部分内容曾发表于《文史知识》2014年第12期，原标题为《清代刑部的提牢官》。

身负重任的小人物（一）：清代刑部的书吏

清代部吏以是否有"编制"，可分为两类。有编制的称为"经承"，六部每个司额定三人到五人，由本部司务厅统一管理，从户部支给"工食"，作为工资收入。不过，六部事务繁多，每司三五书吏远远不能满足工作需要。因此，经承本人常常雇用自己的亲友、同乡、徒弟等人帮忙完成工作，这些人被称为"贴写"。贴写虽然没有正式的"编制"，但也要将姓名、年貌、籍贯等事项登记在本部的簿籍上，在司务厅注册备查，并将簿籍送往都察院一份，以备不时稽查。贴写的日常工作由本司掌印、主稿司官监督。如果贴写出现营私舞弊等问题，雇用他的经承和本司掌印、主稿司官，都要承担连带责任。贴写没有户部发放的"工食"，但可以享受一些本部补贴给官吏的饭食银。除了登记在册的贴写外，如果部务非常繁忙，经承会临时雇用一些贴写。这些人的名字并不被登记在司务厅的名册上，称为"散行贴写"。散行贴写既没有正式的工食，也不领取本部饭食银补贴，其收入都仰仗经承而来。散行贴写工作时间较短，不断受雇于各衙门各司，不但司务厅不知其为何人，即便本司掌印、主稿也多不认识，处于监管的空白地带，很容易出问题。道光十年、十七年，经御史吴清鹏、重豫二人两次建议，将各部贴写按司务厅名册上的数量定额，如果政务繁忙需要增加人手，则令各司回堂增加贴写额数，不许雇用散行贴写。不过，这样的禁令在实际运行中很难奏效，往往不过改换名目而已。

晚清人何德刚在总结经承与贴写的关系时说："经承如铺户之东家，贴写特如伙计耳。贴写专办公事，且须例案熟悉；而经承则不然，专管纸张，及贴写之工食。官中纸张工食之费，每季每科不过十余金，而每科一经承，须雇数十贴写。公费不足，则须经承赔补。然经承缺出，必须由贴写掣签而得。"可见在书吏中，拥有"编制"的经承已经成为管理者，而不具体操办政务，各部政务主要由贴写办理。

清代部吏的生存状态

在治清史者的观念中，清代部吏的重要性都是毋庸置疑的。这种认识，大都来源于晚清名宦郭嵩焘与冯桂芬的名言，郭氏曰：

> 汉唐以来，虽号为君主，然权力实不足，不能不有所分寄。故西汉与宰相外戚共天下，东汉与太监名士共天下，唐与后妃藩镇共天下，北宋与外国共天下，南宋与外国共天下，元与奸臣番僧共天下，明与宰相太监共天下，本朝则与胥吏共天下。

冯氏则曰：

> 州县曰可，吏曰不可，斯不可矣，犹其小者也。卿贰督抚曰可，吏曰不可，斯不可矣，犹其小者也。天子曰可，吏曰不可，其不可者亦半焉，于是乎其权遂出于宰相大臣之上，其贵也又如此。

郭、冯二人的感慨反映出清代政府行政的重要特点：各级政务决策者发出的政令，要以国家的法律和各类条例、成案为依据，而书吏是律、例、案的主要执行者。因此，书吏拥有"可否"各级政令的能力。六部书吏高踞中央最高行政机构，凭借制度优势，成为其中最有权势者。本来，按照制度的规定，行政权的拥有者应是各级官员——在中央，即是六部司官——书吏的职责不过是抄写文书、保管档案而已。但在实际行政运作中，六部司官是通过科举考试或恩荫、捐纳等方式获得职位的流官，所学非所用，虽然亦不乏入部后认真学习条例、成案者，但终归行政能力参差不齐。而六部书吏自明代以来，已经被浙江绍兴籍人士垄断，且父子、兄弟相袭，通过乡缘、亲缘的纽带，世代担当此职，已明显呈现出职业化的特点。因此，清代部院衙门多采取遇事由书吏拣择相应例案，拟写初稿，送司官批阅修改后定稿呈堂的操作方式。在这样的工作程序下，如果司官对例案不熟，或是责任心不强，书吏拟定的初稿，就会被原封不动作为定稿呈堂，再经堂官画稿后，就可作为"部议"上奏下达了。如此，国家最高行政机构——六部的实际权力就很大程度上掌握在书吏手中了。

不过，与其专业技能和实际作用相比，清代部吏的政治地位和社会地位却过于低下，且上升通道非常狭窄。虽然也有"五年役满，考选铨职"的规定，但这种考职不仅录用比例很低，且只能授为八品、九品杂佐。清代六部中得势的书吏，几乎没有五年役满即行离京者，而是选择终身在部为吏。此外，部吏的法定薪资也非常微薄，除了少量工食和饭食补贴外，主要凭地方官"孝敬"的灰色收入——部费为生。一旦地方官供献部费不合其意，部吏就要百般刁难，甚至出现主动勒索、权钱交易的问题。

在地方官署中，各级官员大都通过私人聘请幕友（俗称师爷）的形式，用职业化之幕友监督制衡职业化之书吏，起到一定效果。但在中央六部，一般官员俸禄微薄，根本无力延请幕友。清政府想过很多解决部吏问题的办法，如康熙年间就有人提出要引入其他地区的人作吏，和绍兴籍书吏竞争，甚至曾经有过驱逐绍兴籍书吏的举动。不过，绍兴书吏的职业化程度已深，在六部形成垄断地位，将其驱除之后，其他省份的书吏难以胜任文书工作，六部政务陷入停滞状态。而再通过考试招募书吏，考取者依旧是绍兴人士。事实上，在上升通道、薪资待遇、人员构成等条件都很难改变的情况下，要想对已经职业化且拥有高超行政技术的部吏加以抑制，只有两条路可走：一是调整行政运作程序，二是充分调动六部官员特别是司官的能动性。雍正、乾隆以后的刑部改革成功，可谓六部的榜样。

清代六部以刑部事务最为繁冗，且律例、成案款目最多，对部内办事人员的专业性依赖程度最高，部吏的重要性本应最大才对。但是，在部吏气焰最盛的晚清，却流行着这样一句关于刑部有"四无"的谚语，即"门无匾，堂无点，官无钱，吏无脸"也。所谓"吏无脸"，是指刑部书吏没有体面，不能像其他各部书吏那样招摇显赫。

《清稗类钞》在描述各部书吏的情况时说：

> 吏、兵二部书吏之索贿，及于文武补官而止，不及户部之甚也。盖各省款项之核销，户部主之，称"阔书办"者必首户部……工部事较简，然遇大兴作，书吏辄大获利。礼部向以穷署著称，然当会试或大婚、国丧之年，吏乃大忙，而书吏亦欣欣然以从事矣。刑部书吏之私幸窃冀者，外省有大案之发生也。

这段文字，应系从罗惇曧《宾退随笔》之《记书吏》一节中来，唯末句不同。罗文末句曰："刑部、礼部向称穷署，所获不丰。独遇会试或大婚丧，则礼部乃骤忙。"并未提到刑部书吏有什么机会可以暴富。将时间上溯到乾隆十一年，江西道监察御史欧堪善奏请破除部吏舞弊时也说："六部衙门，惟吏、户、兵、工书吏最为弊薮，请严饬各部堂司官留心检察。"可见从乾隆初年起，刑部书吏的问题在六部中就是比较小的，与政务最简的礼部相类，甚至还有所不及。"吏无脸"是刑部行政中的突出特点。

刑部书吏特殊性成因分析

《清稗类钞》在分析清代刑部书吏舞弊较少的原因时说："六部诸曹司事权皆在胥吏，曹郎第主呈稿画诺而已，惟刑部事非胥吏所能为，故曹郎尚能举其职。"简而言之，是尽职的官员抑制了书吏的权力。

不过，在清初，刑部书吏的处境绝非如此清苦。书吏作弊的花样繁多，获利也不小。雍正十一年，雍正帝曾批评刑部："朕观各部院中，惟刑部声名不好。司员作弊，胥吏逞奸，道路之间，人言啧啧。"

从"吏胥逞奸，人言啧啧"到"吏无脸"，这种风气的转变源头就在雍正年间。刑部的工作性质与其他部门不同，一旦舞弊，就是人命关天的大事。因此，面对六部普遍存在的书吏舞弊现象，雍正帝对刑部的问题尤其重视。在雍正十一年提出"各部院中，惟刑部声名不好"的论断后，他专门下旨命刑部诸堂官及科道官员，就刑部现状各抒己见，以求进行有的放矢的改革。

在群臣的建议中，刑部侍郎觉和托的办法最有效，且对刑部此后的发展影响最大。觉和托认为，刑部书吏作弊猖獗的根源在于本部所拟定的所有案卷、文书，都是由书吏起初稿、官员改定，所以一旦官员不负责任或业务不精，书吏就可以上下其手，肆意作弊。他建议嗣后各省有发来案件，须由各司主事当堂领取回司，经本司满汉官员商议、审理后，亲自拟定文稿、面禀堂官，即便一天不能办完，也要将文书封固，不许书吏经手，等回堂之后才能交发书吏缮本行文。换言之，就是将书吏的权责只局限在抄写文稿的范围内，而文稿本身，必须由司官亲自拟写，亲自回禀堂官。

这一建议从程序上打掉了书吏弄权的根基。如前文所说，部吏权势之重，所仰仗的是"每办一案，堂官委之司官，司官委之书吏，书吏检阅成案比照律，呈之司官，司官略加润色，呈之堂官，堂官若不驳斥，则此案定矣"的行政程序。司官不再将"主稿权"委之书吏，后面的程序都无从谈起。书吏如仍欲作弊，就不能在例案的选择、文稿的拟写上直接动手脚，而要选择抽换案卷、涂改文字这样较容易被发现的舞弊方式，成功率大大下降。

除了制度性因素外，我们还不能忽视人与人际关系的因素在刑部书吏问题上的突出体现。中国古代的政治家们常常强调有治人、无治法，并非言法律制度无用，而是强调面对法律时，执法者的优劣对执法效果的重大影响，以及调动执法者能动性，避免执法者钻制度空子、徇私枉法的重要意义。在刑部书吏的管理上，所谓执法者，即是刑部堂司官员，尤以司官为重。刑部官吏关系的特殊性，也对刑部书吏的生存状态起到基础性作用。

关于六部官吏关系，何刚德有一段精彩论述，他说：

> 余尝指署额"清吏司"三字（凡部必有司，司之额必曰某某清吏司），谓人曰："吏浊而官能清之，官浊而吏亦能清之。然吏浊而官或糊涂，尚有不清之日；官浊而吏总明白，万无不清之时。

何刚德是光绪年间的吏部司官。吏部一直保持着书吏起稿、官员润色的行政惯性，所以书吏权力极大。欲防其作弊，必须凭借司官之精明，能够在画稿之前，发现书吏设下的圈套并揭穿，避免他们私下写信向地方官讹诈。但是，这种程序下的"吏浊而官能清之，官浊而吏能清之"，是以吏为主动一方，而官为被动一方。所以"吏浊而官或糊涂，尚有不清之日；官浊而吏总明白，万无不清之时"。吏部的《铨选则例》与《处分则例》款目冗繁，吏部司官中能精通"则例"、善于与书吏周旋者十分有限，是以吏部是书吏索贿舞弊的重灾区，其书吏之豪富仅次于户部。与之相比，刑部一切文稿均由司官手书，呈堂审阅，如有律例不清、案情模糊者，则由堂官将案件发交律例馆讨论定拟。书吏只有抄写、奔走之责。是以司官为主动，吏为被动。书吏凭借一己之力，很难在文稿上直接作弊，自然也不容易仗势敲诈地方官。

前文提到，刑部公文改由司官亲自写作后，其官吏关系的主导已经由吏转向官，司官的专业素养与道德水准，在官吏关系中显得至为关键。其中列于第一位的，当属刑部司官的法律素养。在书吏写作文稿，由司官修改的行政程序下，官员专业知识不足的问题很容易被掩盖。但雍正末年改由司官作稿后，新程序对司官的要求陡然提高。乾隆以后，刑部各司司官，遇案件皆亲自主稿，不再委之书吏。抛开书吏独立主稿，要求司官在例案的熟悉程度上，至少达到书吏的水平。阅读乾隆以后刑部司官的传记、墓志材料即可发现，材料中对传主、墓主法律素养高低、办案能力强弱的评价，往往是以能否超过书吏为标准的。如"吏不能欺""出老吏右"之类的表达都是赞誉刑部官员的重要方式。司官一旦达到这种水平，再辅以居心公正、态度认真，即便书吏有抽换、涂改之弊，也可以及时发觉纠正。

乾隆以后，刑部司官的法律专业化水准开始突飞猛进，并在晚清形成了以司法实践带动律学研究的风气，这与雍正年间刑部的行政程序改革密切相关。正如法国汉学家魏丕信所说："众所周知，（清代）中央政府没有幕友，无数文献均认为，专业知识一直垄断在各部承办人员手中。（郎吏，一些作者在19世纪直截了当说，他们是帝国真正的主人。）但就刑部而言，在刑部工作的官员往往都是非常能干的律学名家，这至少是显而易见的。"以一群专业化的官，制衡一群职业化的吏，而官又处在强势的地位并拥有行政程序上的优势，这是刑部书吏舞弊问题轻于其他各部的根本原因。

除了专业能力之外，司官的职业操守也对其能否正确处理官吏关系起到重要作用。儒家士大夫一贯持有"君子之德风，小人之德草，草上之风必偃"的观点。在部院衙门中，受儒家正统教育、科举出身的士大夫自然是主流社会眼中的君子，而地位低微的书吏则毋庸置疑被看作小人。光绪中期的刑部尚书、晚清著名律学家赵舒翘任内发生了江苏司掌印、主稿司官与书吏通统作弊的案件。赵舒翘借此下达堂谕，特别强调的是"官正，吏无不正"的道理，其所谓官员之正，尤在操守清廉、无欲则刚，否则吏役舞弊，司官即便未曾参与也不敢置喙。不过，刑部作为法司衙门，没有与银钱打交道的机会，在六部中和礼部相类，有"最清窘"之名。权责重大而收入微薄，本来是孕育腐败的温床。幸而刑部官员还有两个方面的优势可以应对。

首先，刑部从乾隆中期刘统勋担任管部大学士起，就树立了重官箴、励操守的风气，历任堂官有廉名者甚多。一个部门的风气端正与否,传统和长官的带动都起到很重要的作用,往往能前后相继,上行而下效。刑部的这种风气一直延续到晚清。如赵舒翘出身贫寒,光绪初年在刑部任职后,每天布衣蔬食,徒步入署,忍常人所不能忍。

不过,刑部差事清苦而艰巨,晚清风气奢靡开放,官员要做到操守清廉更是不易。事实上,最能保证刑部官员特别是司官坚守官箴、自励节操的,还是现实名利上的安排。这就是刑部官员的第二点优势,即从乾隆以后,刑部司官在六部曹司中的上升通道最为宽阔。雍正末年起,刑部内设有秋审处,专门办理秋审。秋审处司官由本部堂官择部中律例最为精熟的司官差委充任,能够通过秋审大典直接获得皇帝的赏识,遂有"专家学"之谓,号称六部人才最盛之地。刑部司官一旦派充总办、协办秋审,就有"出任按察司、入任侍郎、尚书"的机会,其前途可与军机章京相媲美。这一上升渠道的通畅,使得刑部司官们很有盼头,多能在任内力绝苞苴,维持清廉的操守。有了这样两个因素,刑部司官在道德操守层面一定程度上也可以做到"吏浊而官能清之"。

刑部书吏的一些遗留问题

当然，所谓刑部的书吏舞弊问题较少，是相对其他几部而言，并不意味着没有问题。书吏出现问题，大体可以分为无意的工作失误与有意的舞弊图财。以下各具一例，可窥刑部书吏问题之一斑。

第一例发生在乾隆四十二年。当年秋审之前，直隶发来咨文，开送错拟斩监候犯人王克钧一案罪名官员的职名，并告知同案流犯王小五在监病故一事。按照刑部的运作流程，这件咨文到部后，先由"堂书"，即部内综合部门的书吏摘挂事由，填写号簿。当天值班的"堂书"一时大意，仅将王小五病故一项填写在号簿内，没有提到王克钧一事。因为要将误审王克钧案的地方官交到吏部议处，直隶司主事景如柏发现了堂书的遗漏，随手在号簿"王小五病故"五字旁边添注"克钧"二字。秋审审期将近时，直隶司书吏樊承先负责填写本司秋审犯人名单的工作。因为时间紧迫，他并没有认真查阅直隶咨文的原文，只看到号簿上登记着"克钧"与"病故"二字相连，就认定病故的是王克钧，于是将本年应斩犯人王克钧列入已经病故、可以除名的清单，并将清单交给本司员外郎葛鸣阳画押。葛鸣阳当时正在病中，也没有查阅咨文原件，就在开除清单上列名画押。这一系列错误的最终结果是当年秋审行刑时，直隶斩犯王克钧被遗漏未斩。秋审过后，当葛鸣阳将所办的秋审稿件应存、应销及记档注册等事一一覆核时，看到了直隶的咨文，感到"不胜骇异"，立刻向堂官检举揭发了本司书吏樊承先，并自认办事疏忽，自请治罪。

刑部堂官接到葛鸣阳的报告后，也认为"情事重大，实堪骇异"。他们首先怀疑是樊承先收受重贿，为死刑犯王克钧保命，遂将樊承先严加审问。樊承先坚称自己是"误据挂号，并无别向弊端"，并解释说："此等情重犯人，如果捏混报死，不但部中不能始终瞒过，且犯人现存该省狱中，该省亦必查出，虽至愚之人，也不肯做此必破之弊。"刑部在问明直隶司其他官吏的口供后，上奏称："虽严审，据供并无情弊。但胥吏情伪多端，其中或有不实不尽别情，均未可定。合行据实参奏，请旨会同都察院严审定拟。"乾隆帝接到刑部上奏后，下令直隶按察使达尔吉善亲自将关押在南皮县监狱的王克钧押往京中审问。不料王克钧行至武清县时因痰证病故。皇帝为此更加怀疑刑部书吏与直隶地方官通统作弊，一面派军机章京、刑部司官带领仵作前往武清验尸，一面将樊承先及押送王克钧的南皮县差役隔离严审，动用重刑。在审明王克钧家道贫寒，不能向樊承先等人行贿后，才得出"樊承先所供并无贿嘱情弊之处似属可信"的结论。

即便如此，仍将樊承先比照"故出人死罪未放律"，杖一百，流三千里，先于刑部门首枷号三个月，以儆效尤。同时，疏忽失察的司官葛鸣阳、刑部诸堂官及直隶总督、按察使等官员也都受到交吏部严加议处的处分。

第二例发生在嘉庆二十一年。四川剑州知州吕兆麟将以流罪人犯误拟绞监候。时任刑部广东司主事余继生与吕兆麟是同乡，入仕前多蒙其照应周济，知道吕兆麟因为误入人罪要被开列职名议处后，欲为其周旋脱罪。但四川司官吏已经将此案应参地方官职名开列，并且呈堂画押。奏稿也送到刑部内抄写上奏文书的"本房"，由"本房"书吏抄写后就成为正式的题本，断无可改。余继生因为曾在部内管理书吏的"司务厅"任过职，与各司书吏关系很熟，所以，他马上向四川司送稿书吏莫泳泉、"本房"缮写书吏苏琦许以贿赂，请他们二人分别将奏稿和题本内开列职名部分的"稿尾""本尾"剪裁拼接后再拿去用印。不过，苏琦将裁去的"本尾"留在身边，此后两年内连续敲诈余继生多次，甚至让他为自己捐钱买个监生身份。后来，苏琦与余继生反目，将此事告知自己的好友四川司书吏刘锦江。刘锦江再教苏琦敲诈余继生。成功后，苏琦未按刘锦江的要求与之分肥，刘锦江遂心生怨恨，提醒本司员外郎章庆治，剑州的失入案还没有开列职名参奏。章庆治询问原承办书吏莫泳泉。莫泳泉坚称并无情弊，只是遗漏，因此章庆治将职名补行开列后呈堂，并没有细究缘故。刘锦江此计不行，又将此事前后情由写明，到章庆治家中投递，并声称已到都察院封章控告。章庆治这才意识到事关重大，将此事禀告刑部堂官，随即案发。

两件案子虽然性质不同，但共同反映了三点值得关注的现象。第一，按照刑部的办事程序，书吏主要从事为外来的咨文挂号、确认秋审名册、将案稿抄写成题本等事务性工作。所以刑部书吏的舞弊方式主要是抽换、裁剪案稿等。按照正常的行政程序，司官需要对书吏所做的工作进行覆核，并列名画押。以上两案，无论书吏是无心之失还是有意为之，负责覆核的司官在第一次检查时都没有发现问题，造成了严重后果。

第二，两案中，在确认书吏出现问题后，主管司官能够主动揭发，堂官亦迅速上奏，并在检举的奏折中自认"昏聩糊涂"，主动申请处分。皇帝也毫无姑息，结案后一律给予严厉处分。一方面反映出，在刑部官员和皇帝的观念中，对书吏的行为必须做"有罪推定"，即一旦出现问题，首先考虑书吏有心舞弊的情况，即便审明是无心之失，也要从重惩罚，达到使其他书吏"儆戒"的效果。另一方面，这类舞弊案得以被及时揭发，说明刑部内部堂对司、官对吏的自我监督机制还是比较有效的，与吏、户等部"司官之掌印、主稿与书吏朋比分之，贪黯之堂官亦恒所染指，而书吏实为枢介"的官吏关系有所不同。

第三，按照刑部审核各省案件的程序，如果涉及驳案，刑部有权要求督抚将承审错误的地方官开列职名，送吏部议处。这一程序一直是刑部政务中最薄弱环节。一方面，此时案件本身已经覆核完毕，司官的主要精力都投入到之后案件的审理、覆核当中，对此事关注度不足。另一方面，刑部司官虽然通晓刑律，对吏部则例却不太清楚。同时，吏部又不掌握刑案审办的具体情况，两部门间比较容易出现交代不清，或是遗漏拖延的问题。因此，刑部书吏对内蒙混司官，对外敲诈地方官，多出在这一环节。

在以官为主导的刑部行政程序中，部吏出现问题，无论无心之失还是有意之举，大多是在官失去监管的情况下。其能否被及时发现，很大程度上也依赖于官的纠察检举。因此，除了法律素养与道德操守之外，处于"天下人命系于刑部之一官"重要位置上的刑部司官还要达到两点更高的要求，才能更好地起到抑制书吏舞弊的作用，即在执法、行政细微之处的责任心，与甘冒处分、自我检举的勇气。

余论

清代行政,凡事必以例、案为依据,各级官员乃至皇帝都不能随意上下,这是中国传统社会官僚体制发展到很高水平的表现。但是,由科举等途出身的士大夫多不注重例、案的学习,因此管理、抄写档案的各衙门书吏,以其对例、案知识的掌握,成为各级行政命令的实际操纵者,并逐渐形成职业垄断。六部书吏高踞中央最高行政机构,凭借"大凡督抚题奏本章必敕部议覆而后施行,内重外轻,乃事势之固然"的制度优势,成为其中最有权势者。拥有专业知识垄断地位的部吏权重而位卑、薪资微薄,舞文谋财在所难免,这成为清代政治生活中的一大弊端。

不过,在这样一个逻辑链条中,我们可以发现,书吏之弊是一个由"利"附带出的"弊"。即,各级官员乃至皇帝都不能随意发布、执行政令,行政专业人才依据成文或不成文的行政规范、法令法规,在行政层面对政治家予以限制。在某种意义上,清代的书吏,与近代英、美政府中的事务官有一定相似之处。可惜的是,清代相当于英美"政务官"的那部分人,即官僚士大夫中,有许多人过于不"专业",而"专业"的书吏又宥于清代的财政水平和等级观念,而不能同英美事务官那样享有与其工作性质相适应的社会地位与薪资水平。制度间的配套失衡，使得书吏群体的存在迅速由利转弊，舞弊、贪腐成了清代书吏的公众形象。

清代雍正、乾隆以后，版图扩张迅速，人口激增，人与资源的矛盾不断加剧，政权统治的稳定性和社会治安都面临极大挑战。在这样的大背景下，作为"天下刑名之总汇"的刑部，担负着维持政权统治与社会治安的重要责任。刑部能否廉洁高效地履行职责，干系匪浅。刑部书吏问题的解决，也被放在了六部的首位，在雍正年间就获得了极大关注。在此后的一百多年里，虽然宥于体制和观念，部吏的位卑、薪资微薄两点还无法得到根本解决，但通过改变具体的行政程序，即由书吏主稿变为司官主稿，以及提高官员的个人素质，即推进刑部官员的法律专业化程度与加强其官箴操守和责任心，刑部在一定程度上抑制了部吏舞弊的危害，形成了"吏无脸"的衙门特点。以专业的官与吏相互配合、相互制衡，又将弊重新转化为利。

附记：本文部分内容曾发表于《澎湃新闻·私家历史》2016年4月21日，原标题为《清代刑部官员权责重而收入薄，如何防止腐败？》

身负重任的小人物（二）：清代刑部的仵作与禁卒

与单纯处理文书工作的书吏相比，刑部差役的类型要更广泛得多。如负责验尸的仵作、审案时站堂行杖刑的皂隶、看管犯人的禁卒、管理女犯的稳婆、执行死刑的刽子手、负责跑腿递送物品的小马、为各司官员担当服务工作的茶役厨役等。其中干系最大的是仵作与禁卒两类。

刑部的仵作

刑部额设仵作两名，称为"正身"；另设"副役"若干名学习帮办，称为"学习仵作"。

刑部的仵作由刑部票行都察院五城司坊官在京师地区招募，由刑部通晓《洗冤录》的司官考选。仵作的工作是根据《洗冤录》的记载，检验尸、伤，作为验官填写"尸格"的依据，是类似于现在法医的角色。按照清代制度，京师地区设有仵作的衙门有刑部、都察院、顺天府三处。刑部仵作主要负责跟随本部当月司官检验"城内正身旗人及香山等处各营房旗人"中发生的命案。至于街道的旗、民命案，及发生在外城的命案，则由都察院五城兵马司仵作随正、副指挥前往相验。当然，如果街道或是外城居住的重要人物出现横死的情况，也会由更权威的刑部仵作前往检验。如光绪四年正月，进京觐见光绪皇帝的青海札萨克台吉丹津绰克多布在东黄寺因疯自刎身死。沈家本在日记中说："东黄寺在德胜门外，例不应（刑部）当月官相验，惟死系台吉，职分较大，当请示堂谕，令本部会同理藩院相验。"除了刑部和隶属于都察院的兵马司仵作外，顺天府的两个附郭县大兴、宛平也设有仵作，负责五城管辖范围之外的命案检验。

和书吏一样，仵作也是地位低微、薪俸微薄而责任重大、作用极其关键者。仵作填写的尸格单，对司官审案、定罪，甚至案犯秋审是实是缓，都是基础性依据。因此，遇到人命大案，两造双方如有家境富庶者，常出现贿赂仵作，嘱其谎报伤痕，以有利于己方。此外，即便没有贿赂，由于水平所限，一些经验不足的仵作，也会出现漏看伤处的情况。一旦案情出现反复，这些出错的仵作就要受到严厉追究，因此他们往往宁愿坚持己见，甚至故意破坏尸体，也不愿意承认初验错误。清代州县通常只设一两名仵作,所以一旦初验仵作或有心或无意地检验错误,就可能酿成大冤案。想要翻案,需要由另审官员跨县、跨府甚至跨省带领其他仵作重新检验。相对于地方而言,京城的制度安排看起来优越不少。刑部和五城兵马司的仵作隶属于不同衙门,又有顺天府各县的仵作作为补充。如果初验被认为有可能错误,二验、三验就要更换其他衙门的仵作前往,避免本衙门回护原验。不过,实际的情况却没有这样理想。

总的来说,刑部仵作的待遇较好,人员也比较充足。刑部正役仵作二人,户部月拨工食银每人二两,副役仵作减半。刑部每月从饭食银中补给正役仵作每人银二两、副役银一两,作为补贴;如果在大案中有出色表现,还能得到一些赏银。另外,刑部仵作的考试选拔奖惩由刑部司官负责,仵作检验时一般也有一两名司官在场监督。刑部司官通晓刑名,"不无谙练相验之人",所以刑部在仵作问题上"体制较优",刑部仵作人员充足,专业程度也较高。

与刑部相比,都察院系统的仵作问题就比较大了。首先,都察院五城兵马司按例各设正役仵作一名、副役一名,由本城御史自行招募。都察院正役仵作每月工食只有一两,副役只有五钱,是刑部相应等级仵作的四分之一。因为"工食本微,获咎复易",所以被"视为畏途，无人应募"。到道光初年，都察院系统能独自承担验尸工作的只有两三人，往返奔波于各城之间，以致"遇有各城重叠报验，传唤不敷，每致停尸待验"。这样的状况产生了两个负面影响。第一，仅有的几名仵作到处奔忙，验尸质量无法保障，审讯环节也要出现问题。刑部各司接受五城案件后，"研讯供详、比较伤格"，或器物不对，或轻重稍差，往往临审更正。第二，由于五城仵作人数太少且质量低下，五城遇到人命案频发的情况，不但系统内常以"一人充数处之役"，且"向来与顺天府、刑部相互通融"。由此失去了制度安排中初验、二验各衙门相互制约、监督的意义，"易起小人挟制之心"。

更重要的是，即便刑部与都察院五城仵作分别初验、二验，但因为在现审案件的问讯程序上，五城检验完毕的命案，也一定要送到刑部审讯，刑部官、役又以精通刑名自居，是以五城仵作大多"不敢翻刑部的案"，以防被刑部审官在审讯过程中打击报复。

前文所述乾隆五十年发生的海昇杀妻案及其后续事件就明白展现出刑部、都察院、顺天府三衙门仵作在刑名大案中的关系。乾隆五十年三月，礼部员外郎海昇因为生活琐事，将其妻乌雅氏踢死后，装点成自缢状，试图蒙混脱罪。案发后，乌雅氏的弟弟贵宁因其姐死因可疑，就到步军统领衙门报案。步军统领衙门将案件转到刑部。刑部派司官业成额、李阔二人，带领刑部仵作李玉到海昇家验尸。李玉到海昇家后，向海昇家人王福要了使费银十两、雇车吃饭钱十五千，王福都照数付给。李玉和同来的书吏、稳婆、小马，以及业、李二司官的车夫将银钱分用。随后李玉虽然心知乌雅氏"脖项上一道浅痕，不像吊死"，但仍"含糊报系自缢"，且未报胸口致命的脚踢伤。事后，贵宁不服，屡次到步军衙门控告。乾隆帝再派左都御史纪昀带领两名御史，及西城仵作王国泰到海昇家验尸。随都察院官役同来的还有刑部司官庆兴、王士棻二人，及刑部初验仵作李玉。结果，虽然复验本应以都察院官、役为主，但西城仵作王国泰自认"其实尸身业已变发，项下并无伤痕。我因从前刑部原验系属自缢身死，我是城上仵作，不敢翻刑部的案，所以也报了有伤自缢身死"。是以这一次以都察院为主的验尸，其结果完全按照刑部初验上奏，没有起到任何纠错作用。因为贵宁不服，再次向步军衙门控告，乾隆帝又派户部侍郎曹文埴、工部侍郎伊龄阿带领大兴县仵作前往验尸，才验出乌雅氏项上并无缢痕的事情。

不过，事情到此远没有结束。一年后的乾隆五十一年四月，刑部审理大兴县妇女梁张氏呈控其子梁冀州身死不明一案，审系该县仵作王全受贿，捏报跌伤所致。

而这名叫王全的仵作，恰是一年前在刑部、都察院两次验尸后，验出乌雅氏并非自缢的那一位。乾隆帝遂对刑部大加怀疑，称此案"或刑部堂、司官，以及书役、仵作人等未免有意搜求，以为报复之计，亦未可定"。不过经军机大臣复查证明，此案确系王全之罪，刑部审理无误。乾隆帝判断错误，却不肯承认，仍旧用言语捎带刑部说："刑部之究出此项情节，其为有心无心，朕亦不复深究。但朕一经指出，竟即系上年覆检乌雅氏尸伤之人，事之凑合如此，朕亦不能必刑部之竟属无心。今就案论案，刑部办理尚无错误，所有该部堂官及承办此案之司员姑免其治罪。"仵作王全虽然犯有受贿捏报重罪，但因为此前检验乌雅氏一案有功，被免于处理。

更巧的是，因为都察院五城仵作本来人员稀少不能足额，受乌雅氏一案的连累，又有多名仵作被革役，因此在随后的一年里，都察院仵作严重不足，即便屡次命令各城御史紧急募集人手，但"应者寥寥"，一直空缺。在此期间，五城遇到命案，都要借用顺天府的仵作办事。梁冀州案发后两个月，左都御史纪昀行文顺天府尹吴省钦，请他将顺天府下辖各县中的一名谙熟仵作借都察院一用。吴省钦向纪昀表示，顺天府下辖各县的仵作人手都非常紧张，目前能抽调出来借给都察院的，只有大兴县刚出了严重问题的王全。但王全一听说自己要被借给曾经得罪过的都察院，立即请求解除差役，拒不前往。吴省钦将此事向乾隆帝上奏。乾隆帝并不了解都察院仵作严重缺乏的情况，随即下旨斥责都察院说："两县、五城各自额设仵作，自应各自着役当差，何以都察院屡次向顺天府拨仵作应用？此必纪昀因大兴县仵作王全上年验出乌雅氏真伤，意欲挟嫌报复王全，设法处治，故屡向咨取应差。而王全既已得罪刑部、都察院，昨经刑部于梁冀州一案奏请治罪，经朕看出，交军机大臣查明，即系验乌雅氏真伤之仵作王全，是以特降恩旨释放。今都察院又复传拨不休，是有意折磨，以为报复之举。王全告退，明系畏避所致……且君子不念旧恶。纪昀，读书人也，而鳃鳃下与仵作为仇，不甚鄙乎？德保现署总宪，乃一任纪昀之挟私寻隙，竟同聋瞆，所司何事？德保、纪昀俱著传旨严行申饬。"事后纪昀、德保等人辩白，称都察院仵作人数实在不足，是不得已借用大兴县仵作，且并非有意点名借用王全此人，乃是顺天府尹所拨。不过，乾隆帝对这样的辩解并不以为然，再次斥责纪昀"不忘芥蒂，殊属可鄙"。

根据上面的案例，可以得出以下几个结论。第一，仵作除了平时的工食收入和饭食银补贴外，到现场勘验时，还往往能获得数量不等的车马费。因为此案的事主海昇是官员，又做贼心虚，所以刑部仵作出验时得到了十两白银、十五千铜钱的酬劳,数量较大,已经可以视作贿赂。

第二,刑部仵作在刑部、都察院五城的仵作中最有地位与权威。刑部仵作定下的案子,如果情节疑似,虽然在制度上可由五城等处仵作复验,但在实际的验尸工作中,其他衙门的仵作轻易不敢推翻刑部仵作的验尸结果,恐遭打击报复。

第三,在刑部、都察院两次检验不实后,在皇帝的直接压力下,与刑名事务毫无关系的户部、工部堂官带领大兴县仵作将此案验出实情。但一年之后,大兴县验出实情的仵作就与刑部、都察院先后产生纠葛,连皇帝也认为,这是刑部、都察院报复的结果。虽然细究事情原委,固然也有仵作本人的问题及一些客观条件使然,但正如乾隆帝所说,部、院衙门究竟是有心刁难还是秉公处理,也很难判断。

第四,都察院五城仵作本来人员不足,因为出现重大的验尸错误,又革斥了不少,是以人数更少,办事支绌,只能向顺天府各县借用仵作。这与道光初年御史等人描述的情形是一致的,可见这一问题在乾隆末年已经显现出来。

道光初年,御史董国华、徐养灏等人连续上奏,请求朝廷解决五城仵作人手、质量都不足的问题。皇帝将奏折下刑部议奏，刑部给出如下三条建议。第一，提高都察院五城仵作待遇，在额定工食之外，由都察院筹款，每月给正役仵作加饭食银二两、副役加一两，如仵作勤慎效力，还可以量加奖赏。第二，仵作偶有无心之失，量与责儆即可，不必马上革役。已革者可以仍充副役，等正役出缺即补。如实系受贿舞弊，再照例严惩。第三，带领仵作前往验尸的官员必须亲自验看、严加监督，不能只凭仵作喝报就草率填写尸格，致启仵作营私舞弊之渐。部议上奏后，获得了道光帝的批准，前两条也随即得到执行。不过，由于科道官大多不谙刑名，更毋论验尸技术，刑部所奏的第三条是很难落实的。因此，直到清末，刑部仵作在京师命案的勘验中也一直居于垄断地位，这与清代刑名体系中部、院二衙门的总体地位是相一致的。

　　除了京师人命案的检验外，如果地方上遇到有明显涉及仵作验尸不实以致情节不清，或是尸体腐坏，本地仵作无力勘验的情况，也常由地方官奏请，经皇帝下旨，命刑部仵作跟随本部堂司官员前往案发地勘验。清代许多疑难大案，都通过这种方式破获定案。刑部仵作的业务能力可以拔得头筹，应属事实。

刑部的禁卒

除仵作外，刑部另一类重要差役是禁卒。刑部监狱的看守工作分为内外两重。监狱大门外墙以外，由步军统领衙门官兵巡逻看守，额设官弁十员、兵八十名。监内则由刑部禁卒看管。禁卒额设一百二十人，但若犯人人数增加，可以临时雇募，人多时可达五六百人。禁卒与书吏一样，多系世代相袭的父子、兄弟、亲友关系相互引荐而来，人事档案由司务厅保管，按月点卯，平时具体的工作安排则由提牢主事及司狱官负责。

当代人了解清代刑部禁卒，多通过方苞的名作《狱中杂记》。该文记载的是康熙末年，方苞在刑部狱中的见闻。文中谈到狱中惨象及狱吏之酷时说：

> 迩年狱讼，情稍重，京兆、五城即不敢专决，又九门提督所访缉纠诘，皆归刑部。而十四司正副郎好事者，及书吏、狱官、禁卒皆利。系者之多少有连，必多方钩致，苟入狱，不问罪之有无，必械手足，置老监。俾困苦不可忍，然后导以取保出居于外，量其家之所有以为剂，而官与吏剖分焉。中家以上皆竭资取保，其次求脱械居监外板屋，费亦数十金。惟极贫无依，则械系不稍宽，为标准以警

其余。或同系，情罪重者反出在外，而轻者、无罪者罹其毒，积忧愤，寝食违节，及病又无医药，故往往至死。

大致意思是："近年来刑部的权力日益扩大，只要是情节稍微严重一些的案子，顺天府和都察院五城兵马司就不敢自专，必须移交刑部。另外，九门提督寻访缉查到案件，也都交到刑部处理。所以刑部十四司官员中的好事者，以及书吏、狱官、禁卒，都意在以此取利。只要有各衙门送来的案件，凡是涉事相关人员，都多方牵连，送部羁押。这些人入狱之后，不论有罪无罪，都要带上手铐脚镣，押在条件最差的老监里。等到他们苦不堪言时，就引导他们花钱取保，根据各人家资如何，勒索钱财，然后官吏分肥。这种情况下，中产以上的无不荡尽家财以求取保回家，财力稍弱的也要花费几十两银子，以求除去枷锁，从老监换到外面条件较好的板屋居住。至于那些特别贫困没钱贿赂的，狱卒们就一直让他们披枷带锁，以恐吓新收监的人。所以同一个案子的犯人，可能罪情重的，因为花了钱可以在外面居住；罪情轻甚至无罪的，倒因为没钱而关在老监，备受残毒，以至于寝食不安，有病无药，往往瘐死狱中。"

与官方材料相印证，康熙、雍正二帝在位期间，都屡屡下旨责备刑部监毙人犯太多，要求他们从严定拟监狱管理章程，减少监毙犯人的情况。雍正三年，刑部侍郎黄炳上奏，说刑部狱卒有以"观音烛"酷刑残害人犯的情况。雍正十一年，刑部侍郎张照则报告说，刑部平时提供给监候官员居住的板房，大多被狱卒高价出售、出租给了富裕犯人，从中牟利。可知方苞所言不虚。赵舒翘的监狱管理名著《提牢备考》中，时时处处告诫提牢官，要以防备狱卒舞弊谋财为务，对狱卒的不信任溢于言表。

刑部狱卒的基本情况与书吏、仵作相近，都是权责重大而地位卑微，合法收入很低。根据《提牢备考》记载，刑部监狱犯人发放饭食、衣物，监狱的看守、管理，犯人收监、提审押送、家属探监等事，都由狱卒直接负责。对于毫无行动自由的犯人来说，狱卒在其中任何一个环节稍做手脚，都可以使犯人求生不得、求死不能。狱卒分为有"编制"的正役与无"编制"的白役两类，相对来说，犯人少时以正役为主，犯人多时，就要招募大量白役。正役禁卒的工食是每月一两五钱，还有大约八百钱至一千钱的津贴补助，年节还有少量赏金。而白役则无正项工食，只有部内的补贴。太平天国起义爆发以后，清政府财政吃紧，各部差役工食按四折支取，到光绪年间才得以恢复。根据谢蔚在《晚清刑部皂役收入研究》一文中的统计，刑部差役虽然在六部中属于收入较多者，但其收入也很难维持一家人在京的基本生活。因此，狱卒们往往靠山吃山，或私分监狱的囚粮及购买衣物、药物的经费，或勒索犯人财物，替富裕犯人传递、代买物品。更有甚者，有收受犯人仇家财物，将犯人虐待致死的恶劣情况。

有一点需要说明的是，清代刑部监狱监毙人数较多，但这笔账也不应都算在狱卒头上。狱卒克扣、索取犯人钱物固然是常态，但真正敢于虐待甚至杀害犯人的终究还是极端情况。清代的监狱条件受财政规模所限，是比较简陋的，不能用近现代国家监狱制度的标准相要求。且医疗条件较差，夏季尤其容易传播瘟疫。且许多犯人在审讯过程中受到刑杖，伤口一旦感染，也会致人死亡。刑部监狱虽然是全国条件最好、管理最完备的监狱，但瘟疫等疾病和刑伤感染仍是犯人死亡的主要原因。

与书吏和仵作的情况一样，宥于制度和观念，狱卒也无法通过合法渠道获得更高的收入和社会地位，因此政府也不可能根除他们"靠山吃山"、从犯人身上获得额外收入的弊病，只能依靠提牢官的个人能力和品性与局部制度上的限制对狱卒进行监督，抑制其舞弊图财、虐待犯人的做法。

刑部负责管理监狱的是提牢官及司狱官，都察院的御史负责定期巡视刑部监狱。由于刑部司官中多有精通刑名者，是以司官在具体行政运作中对书吏与仵作的监督都是比较有效的，但狱卒的情况与书吏、仵作略有不同。在一件案子或是一次验尸活动当中，官与书吏、仵作多是1∶1或是1∶2的关系，而管理监狱的提牢官不过满、汉二员，司狱官八员，分成上下两班，监督对象则是一百到数百名狱卒，难度不可同日而语。

此外，从康熙年间起，为减少人犯庾毙，朝廷不断增设条例，严肃法纪，所设条例大多与提牢官的考绩有关，针对狱卒，特别是白役的内容却非常有限，形成了"提牢之权太轻而处分又太重"的局面。提牢是一年一任的流官，禁卒则是家族式、职业化、终身服役，对监狱的熟悉情况远过于提牢官。因此提牢处分越重、条例越严，反倒越不敢认真监督狱卒。因为"稍一认真，禁卒则舞弊以逐其官。使之罢职而去，易如反掌。官之黜陟听命于禁卒之手，故禁卒有所挟制而官不敢问"。咸丰年间，经御史胡庆源奏请"宽提牢而严禁卒"，并奉旨准行后，这一问题有所缓解。

总的来说，随着雍正、乾隆以后刑部官员专业化程度的提高，监狱的管理也比清初有了很大提高。晚清刑部如果一月之内监毙十余人，已是非常严重的情况，要惊动御史参奏。但这与方苞提到的康熙末年"在刑部狱见死而由窦出者日四三人,有洪洞令杜君者作而言曰:'此疫作也,今天时顺正,死者尚稀,往岁多至日数十人'"相比,还是有不少改善的。

除了本部提牢司官之外,为了防止狱卒虐待人犯以致庾毙太重,嘉庆十七年定制:

> 刑部监犯患病沉危,医生呈报救治后,提牢官呈堂,移会满汉查监御史,即日赴部查验。如有因病因刑及猝患暴病身死,不及呈报救治者,均移会满汉查监御史,带领指挥一员,限一日内到部,会同刑部司官相验。倘承审官有非法拷打,及将不应刑讯之人滥刑致毙,并禁卒有凌虐罪囚各情事,即严参究办。至步军统领、都察院、顺天府、五城各衙门,并各省送部之案,务将人犯是否患病则曾否刑讯受伤之处,于文内详细声明。若送到人犯受有刑伤及病势沉重者,刑部立即咨查监御史,亦于一日内赴部验立案。

这一规定从订立之日起,一直坚持执行,且有一定效果。虽然御史大多不懂尸检技术,几乎未见其在具体检验中提出异议,但其对监毙人犯的数量和病死伤死的情况还是有一些基本判断。道光以后,如果某一时间段内刑部监毙人犯较多,查监御史会及时上奏,由皇帝下旨批评刑部,令其体恤犯人,加强对狱卒的管理,这也起到了一定的监督作用。

此外,既然监毙的情况难以避免,狱卒的问题也不能根治,那么刑部堂司官员的努力方向就变为:尽量不要收押轻刑犯以及无辜证人、家属,特别不能随意羁押轻罪和无罪妇女;接到案件要从速审理以免犯、证受额外之苦;刑讯时要多加慎重,不能滥用非刑与对老弱妇女用刑;盛夏到来之前要清理监狱,将轻犯取保,减少监毙;等等。虽然在具体执行当中也难免出入,但"恤囚"的观念和做法是朝廷和刑部堂司官员的共识与追求,这一点是毋庸置疑的。

法司依律，天子衡情：清代的皇权与刑案

清朝皇帝深刻意识到，刑名案件处理得恰当与否，不仅仅关系到一介草民的生死得失，而是与"家天下"的安危治乱密切相关。因此，从顺治帝起，清帝就有躬亲参与刑案办理的传统。清代的法制体系，不论在设计上还是实践中，皇帝都是重要一环。在雍正以前，皇帝参与刑名活动多在决策阶段，即每一件死刑案件的定案、秋审、朝审的勾决，以及一切重大刑名政策的准驳环节。《康熙起居注》中，每二三日，就可见康熙帝阅看三法司题本，在御门听政时同内阁大学士、学士等人商议决策意见的内容。

雍正以后，奏折文书的使用逐渐普及起来。起初，奏折多用于军国大政、人事任用，及地方文武大员与皇帝联络私人感情，刑名案件作为日常庶务，仍用题本程序处理。然而面对雍正、乾隆这样权力欲极强的君主，不论督抚还是部院大臣，无不战战兢兢、唯恐有失。到

乾隆初年，一些谋逆反叛、江洋大盗、弑亲逆伦等大案，虽无明文规定，但各地多改为密折陈奏，下部后，刑部也用密折议覆。此风日长，到乾隆中期，一些重大案件，不但最后的结案报告，其余如侦查、缉捕、审理过程，经部驳后的改拟情由也随时上奏，既可以满足皇帝的控制欲，出现问题又便于卸责。乾隆末年以后，京控案件日益增多，负责接收京控呈状的都察院与步军统领衙门按例先将案情上报皇帝，再奉旨发督抚审理，形成钦案。皇帝对这类案件已有先入为主的印象，且常询问案件审理的进度，是以承接审理的官员更要随时上奏，报告审案情况。直省地方如此，刑部近在咫尺，更是如此。部内现审案件经皇帝屡屡督促，案件尚未审结，堂官已经面奏多次。皇帝从定案决策转为参与过程，对重大刑案的控制力大大加强。

在清代的法制体系设计中，值得注意的是君主控制刑名案件的方式。从唐中期以后，历代君主为便于掌握大案要案，特别是政治类案件审理定罪的主动权，通常会利用内廷机构或身边亲信人员制衡甚至架空外朝法司的做法。如唐代的三司推事、北宋的理刑院、明代的锦衣卫诏狱等。传统的政治史研究认为这是君权高度集中，强势干预司法的表现。同时，传统的政治史研究还认为，清代特别是雍正以后，君主专制权力攀上历史最高峰。

但事实上，清代在政府的刑名体系之外，并没有一个直接由皇帝控制的断狱机构来分法司之权。即便是重大的政治类案件，皇帝也只会钦点亲王、大臣等与刑部或三法司会同审理。大多数情况下，刑部因为掌握律例而作为主稿衙门负责定罪量刑，会审王大臣主要起到监督作用。

于是乎就产生了这样一个问题：为何专制程度更高、君权更强的清代反而没有代皇帝制衡法司特别是刑部的内廷断狱机构呢？原因在于，清代皇权之强，已经不需要通过专门的内廷班子来限制政府法司，皇帝有足够的权威和能力直接控制刑部，令其为自己的意志服务。皇帝身兼国家领袖与政府首脑二重身份，亲身活跃于法司办案的决策环节甚至过程当中，或委曲暗示，或直接发号施令。相对于唐、宋、明各时代由皇帝亲信组成的内廷问刑班子，清代的刑部名分更正，专业性更强。所以清代的大案，特别是政治类案件，从表面上看起来，大都非常遵循程序、合乎律例，毫无君主个人肆意妄为的痕迹。事实上，每到这种时候，皇帝特别是雍正、乾隆这样强势君主的个人意志，早已通过奏折密嘱、当面示意或法司官员的个人揣摩等形式，渗透进整个案子的办理过程当中。皇帝利用程序、主导进程、预定结果，专业而驯顺的刑部，则是他们最得心应手的工具。

清代君主施加影响的刑案主要分为两类：第一类是

一般的命盗案件,第二类是带有政治背景、涉及高级官员的案件。公众对于清代刑案的了解,通常是通过政治大案,诸如康熙除鳌拜、雍正杀年羹尧、"和珅跌倒嘉庆吃饱"之类。这些案件政治影响力大,受到后世的广泛关注,并由此形成了公众对清代刑案处理的印象。但事实上,这类案件在法司办理的大量刑案中,比例极小,是非常态的,并不能代表清代处理刑名案件的普遍情况。在此,我们亦需将此两类情况分别说明,并由此探讨清代皇权在刑名案件中的存在形态以及与刑部的关系。

政治大案中的皇权

清代处理政治类案件,可以分为君权强盛与衰弱两种情况,其形式颇为不同。

强盛者以雍正帝处理年羹尧案为例。[1]从公开的处理过程上看,皇帝先因为年羹尧上奏书写错误,枉参属官等"公罪"将其交吏部议处,并由大将军、川陕总督调任杭州将军。此后内外大臣交章弹劾,皇帝一面将这些章奏发给他本人,令他"明白回奏",一面派钦差大臣到章奏中提到的事发地去调查真相。在足够多的问题

---

[1] 关于此案的详尽叙述,可参看作者的另一部作品《年羹尧之死》,山西人民出版社,2018年3月版。——编者注

被揭发出来后，将其逐步革职、革爵，最后提拿进京，交刑部看押。九卿大臣与刑部会审后，由刑部主稿具题，定其九十二款大罪。题本在罗列了各款罪状及简要情节后，共引《大清律》十三条，根据清律"二（多）罪俱发从重论"的原则，依照最重的大逆罪，请求将其本人明正典刑，其父、兄弟、子孙、伯叔及伯叔父兄弟之子，年十六岁以上者，俱按律斩；十五岁以下，及母、女、妻妾、姊妹，及子之妻妾给付功臣之家为奴，正犯财产入官。雍正帝批复九卿题本，念其青海之功，不忍加以极刑，令其自裁；其子年富立斩；其余十五岁以上之子发广西、云贵地区烟瘴之地充军，不足十五岁的子孙到十五岁以后陆续发遣；其父、兄、妻、女宽免。

公开的问刑程序从雍正三年九月将年羹尧革职拿问开始，到同年十二月以其自尽告终，历时不过三个月。而在暗地里，雍正帝从上一年的十一月起，就开始表现出对年羹尧的不满，并在给各地文武大臣的朱批中透露风声，表达"近者年羹尧奏对事件，朕甚疑其不纯，有些弄巧揽权之景况"，示意他们与年氏断交；又利用奏折询问与年羹尧有工作关系或故旧交情的大臣，"年羹尧何如人也，就你所知据实奏来"，示意他们检举年氏的罪过。且不断对年氏的轻微过错进行公开批评，如将年氏题本中误写"朝乾夕惕"为"夕阳朝乾"一事，拔高到他不承认皇帝具有"朝乾夕惕"的品德，并随即意味深长地表示："则年羹尧青海之功，亦在朕许与不许之间而未定也。"与此同时，雍正帝对西北地区的驻防将军、督抚、提镇进行调动，任命表面与年氏有旧交而实系皇帝亲信的大臣接管西北几省军事、财政、人事大权，并着手调查年氏在经营川陕期间的问题。身在西安的年羹尧被彻底孤立而不自知，一纸调任杭州的命令下，只能拱手交出兵权。在这一系列明示、暗示之下，内外大臣渐渐看清风向，纷纷在密折中撇清自己与年氏的关系，揭发其罪行。后来刑部所定的九十二款大罪，皆出于此。

雍正三年七月，内阁、九卿、詹事、科道等官合词奏请将年羹尧诛戮以彰国法。雍正帝称之为"在廷公论"，但对此建议仍然不置可否，而命内阁下旨询问各省将军、督抚、提镇的意见，要求他们公开具题，表达对年案的态度。这一系列人事、军事、舆论的准备工作目标明确，按部就班，前后花费了近一年时间。在此基础之上，三个月的问刑程序，最终情罪确凿、引律分明的爰书章奏，以及皇帝恩自上出的裁决，都显得顺其自然、合乎制度。

只调动官僚系统而避免使用军事手段，通过毫无瑕疵的法律程序体现君主的个人意志，制服一个手握重兵、控制四省、身兼功臣与外戚双重身份的权臣，这种高难度工作，即便在皇权极盛的清王朝，也只能由雍正帝这样权谋精湛的帝王完成，是特例而非常态。在此过程中，刑部的作用仅限于配合皇帝完成刑审程序。年案主审司官唐绍祖的传记称："先生借补刑曹郎，推勘年、汪两案，悉当上意。"尤见其办案之功不在依律以定爰书，而在"悉当上意"。

可以与此相对比的是同治年间的何桂清案。辛酉政变以后，由于皇帝年岁幼小，形成了太后垂帘、亲王辅政的政治格局。在这种格局下，太后受到文化程度、性别限制等因素的影响，实际上只履行对重大政务的决策权，对重大政务的办理过程及一般刑钱庶务，都缺乏直接参与的能力。至于辅政的恭亲王，名分所限，在上有太后牵制，对下也不能拥有皇帝一样的控制能力。在这种情况下，官僚集团的力量开始壮大起来，面对关系到政治斗争的大案，其局面与雍正年间绝然不同。

咸丰十年五月太平军攻陷常州前，在常州督师的两江总督何桂清不顾当地绅民恳求，执意弃城逃命，致使苏、常、松、泰各府州县全面沦陷。同治元年四月，由两江地方官庇护了两年的何桂清被押解京师交刑部审理。何桂清是云南昆明人，在如何处理何桂清的问题上，北京官场分为两派意见。一派是对何恨之入骨的江苏籍京官，多主立决；一派是与何有私交，特别是"同隶边籍",即来自于边远省份的官员,联合要求缓决。是时,刑部堂官派出主审此案的总办秋审处郎中余光倬正是常州武进人。余光倬认为,按封疆大吏失守城池律,本应拟斩监候,但何桂清身系一品大员,弃城逃避,致令全局溃散,且革职之后借故逗留两年不赴部,忍辱偷生、罔顾法纪,应该从重拟以斩决。

奏疏上达后,有旨命大学士、九卿、詹事、科道会议具奏。以大学士桂良为首的大部分官员同意依刑部所议,将何桂清比照"守边将帅被贼攻围不行固守而失陷城寨者,斩监候"律,从重拟以斩立决。"保何"一派的大学士祁寯藻、兵部尚书万青藜、顺天府尹石赞清、内阁侍读学士王拯等十七人则联名上奏,力救何桂清不死。户部侍郎董恂、左副都御史志和等十二位大臣借口与何桂清或曾系同僚,或为师生,回避不肯列名,意见模棱,也偏向于保全。

"保何"派中大学士祁寯藻的奏折尤其厉害。他援引嘉庆帝"引律断狱,不得于律外又称'不足蔽辜'及'从重'等字样"的谕旨,称"何桂清应得罪名既有斩监候专条,自应按律问拟以持刑罚之平,何得任意出入,于律外复加从重字样,以致执法失中,隐酿刻深之弊"。侍读学士王拯更直指主审余光倬是辛酉政变期间被赐死的载垣、端华、肃顺之余党,一贯苛刻锻炼、故入人罪。

希图借此激起太后对八大臣的旧恨而罢免余氏。

因为当年有改元之喜,按例秋审停勾。在"杀何"派官员看来,如果不将何桂清拟为立决,难免夜长梦多,遂连章驳斥"保何"派大臣的意见。军机章京张德容就犀利指出,祁寯藻对嘉庆帝谕旨断章取义。嘉庆帝虽然有法司断罪不得有"从重"字样,但仅指寻常罪行而言,罪情特别重大者不在此列,且道光二十二年办理提督余步云失守镇海而逃,其罪名亦系从重问拟。彼时祁寯藻亦系在廷会议大臣,何以不闻有言?又责王拯诬蔑余光倬为载垣、端华之党,是启讦告诬陷之端,立门户之风。

为了平衡两方意见,既显示新朝仁慈,与肃顺执政时期的严厉相区别,又免得"今欲平贼而先庇逃帅",动摇前线人心,太后和恭王最终决定将何桂清依"保何"派意见拟为斩监候,但突破秋审停勾的限制,将何桂清于当年秋后处决。主审此案的余光倬一年后又被科道指名参奏,称其在部内专横跋扈、声名狼藉。经大学士会同都察院调查,虽然所参款目都不能坐实,但都察院仍以"该员屡登白简,其动招物议,必非无因"这一莫须有罪名,建议将余光倬京察一等及御史记名之处均行撤销。朝廷明知道余氏是被打击报复,仍然批以"依议",安抚"保何"派之心。

将此案与年羹尧案对比可以发现,此时的皇权已经全然不能主导、控制政治大案的进程与结果,但尚能做到对官僚集团内的不同力量形成制衡。各方分别利用法律程序,最终实现一个都可以接受的妥协结果。

普通刑案中的皇权

与政治类案件相比,在普通刑名案件中,皇帝的作用也很重要,但表现形式却有所不同。其影响主要体现在两个方面,首先是对死刑案件处理的决策,其次是对法司官僚的监督。

在清代的法制体系中,一件地方上的死刑案,其审转必须要经县、府、司、抚、刑部五个衙门。地方衙门的定谳者虽是长官,但具体经办人多系书吏与刑名幕友,刑部则系司官。在以上环节,死刑案的审断都要依照律例;如果例无专条,则比照加减,或引用成案。换言之,一件死刑案的审断,从县到部,理论上都由法律专业人士经手,定罪量刑也务必有法律依据。然而律例成案自有其局限性,不能涵盖无穷之世事。另外,在清代人的观念中,判案定谳的目的是要使"情法两得其平"。也就是说,在依法之外,还要衡情,如果法与情不能一致,就需要对法进行相应的调整,使其达到和谐统一的状态。

按照清代的理想制度，依律是从县到刑部的法司官员们要做的事，而衡情的权力则在皇帝。梁启超在《论中国法制史》一文中提出，在中国的传统法律思想中，亦有类似于西方自然法那样的法，即所谓"道"。唯有圣人能知自然法，又唯有依照自然法才能立人定法。在道统与政统合一的清代，皇帝是唯一具有这种能力的圣人。因此，在人定法不能持平地解决问题时，也唯有皇帝才能依据他内心所掌握的自然法，对案件作出类似于西方法学概念中的"自由心证"。清代皇帝在批评督抚或部臣不按律例行事时，常用"如此，则该大臣可谓'有权'"这样的说法。这里的"权"并非"权力"，而是"权衡"的意思。换言之，不论督抚还是部臣，在刑案的处理中，都只能"守经""依律"，"有权"是皇帝才能做的事。

在这一点上，我们可以将清代与15—18世纪的英国相比较。在当时的英国，疑难案件除了由王室巡回法庭依据普通法进行审理外，还经常提交给国王进行裁判。由于国王无法处理日益增多的案件，就交由大法官法院处理。大法官审理这些案件，并不受普通法的制约，而是根据公平和正义的原则进行自由心证，即所谓"衡平法"。罗马法谚中有"愈泥于法，愈不公正"(Summum jus summa injuria)的说法，这与清人常说的"夫狱者，愈求则愈深""刑部愈精愈刻，一从刻则犯法者多"是跨越时空的暗合。在英国，衡平大法官的职责是以朴素的自然正义为基础，调节过严的普通法。而在清代的死刑案程序中，皇帝这一环节的意义则是"仰体上天好生之心，施法外之仁"，使"廷臣执法之严与朝廷用法之宽，不惟不相悖，而且相济"。

如果说以上的制度设计是出于"道"的考虑，那么在实际的司法运作中，还有一层出于"术"的安排。自上古以来，"刑不可知则威不可测"的观念一直影响着中国的法律制定者和执行者，即便后来公布成文法成为历朝历代通行的做法，但在一些关键问题上，统治者仍然愿意使用"不可知"的办法，将权力掌握在自己手里，避免民众利用法律、逃脱罪责。如清初规定，有死罪重犯，其祖、父、兄弟、叔伯中有出兵阵亡者，自身可以免死一次的条例。功臣子弟豫知定例，难免杀人劫财、肆行无忌。顺治十八年，刑部奉旨修改此例，规定以后死罪人犯，刑部不得以论功免罪具奏，仍照其应得之罪题请，应否准其论功，候旨定夺。又如独子留养制度施行以后，许多官、幕认为这样的做法会使身为独子之人肆无忌惮，不如"圣王仁政务出万全，则按其情罪临期请旨亦可"。可见无论在统治者还是一般士大夫的认识中，将法律的部分明确规定转化为皇帝手中予取予夺的权力,是预防犯罪的有效方法。

除了对案件本身的影响外,强大的皇权在法制体系中的另一个重要作用是对其下全体法司官僚的监督。在一个没有民主监督的政体下,皇权对庞大官僚集团的抑制是有力且有效的。从理论上讲,皇帝作为"家天下"政权的拥有者,他的利益与政权的利益是绝对一致的。相对于拿俸禄、有任期、有各种个体或小团体利益诉求的官僚,其地位和视野都是比较超脱的。面对承平之下整个官僚系统的因循,官僚之间的回护、包庇,及因此而产生的伤害民众与政权利益的后果,一个有足够理性和能力的皇帝理所应当要予以纠正与制裁。京控"告御状"的现象大量存在,可见当时民众对这一点的认识也是清晰明确的。

怎样认识清代刑案中的皇权

对于应该如何认识与评价清代皇权在刑案中的性质,首先需要明确的是,皇帝是清代刑审程序中的一部分,而非凌驾于其上。在《史记》《汉书》等文献中,读者常常看到汉高祖、汉武帝一怒之下将臣下"烹之""族之"的场景。在清代,君主一句话就能断送臣民性命的情况极少,皇帝的言行受到祖宗家法、社会舆论和制度程序的限制，被相对严格地控制在一定范围之内。读史者大多关注雍正皇帝怎样阴险刻薄地利用制度置异己者于死地，却很少注意到皇帝也常常苦于法司在拟罪过程中让自己陷入两难的境地。

在清代的刑名制度中，有"双请"和"双签"二说。所谓"双请"，是指督抚如果碰到情节轻微，但适用法律条款较重的案子，往往先引用相应律例，但同时声明此案情节较轻，请求皇帝施法外之仁，从轻发落。所谓"双签"，则是刑部认定罪犯介于可轻可重之间，在题本内夹一签条说明情况，建议内阁票拟一轻一重两个定罪意见，请皇帝决断。按照当时人的观念，不管是督抚、刑部，还是皇帝，对待死刑案件，能够减少刑杀、从宽处置，都是仁厚的表现，反之则难逃"刻薄"的名声。在这种认知下，作为刑审程序的最后一环，皇帝的处境就显得比较被动。

乾隆五十五年，刑部拟定了一起胞侄杀叔案。堂兄弟二人互相殴斗，叔父偏向亲子，上前殴打侄子，侄子在打斗过程中刀伤叔父致死。根据清律，叔父是服制很重的期亲尊长，以侄殴叔致死，是斩立决之罪。虽然巡抚原疏尽量把叔父描述得十分强横，侄子还手是万不得已，刀伤叔父也是意想不到，但这样的写法通常是出于刑名幕友"救生不救死"的考虑，不一定就是事实真相。不过，既然巡抚有从轻之意，在题本中为侄子"双请"乞恩，刑部也不愿意充当恶人，遂做出从轻的姿态，夹"斩立决"与"斩监候"双签请旨。如此一来，皮球就被踢到了乾隆帝脚下。虽然他一贯反对地方刑幕舞动刀笔开脱罪犯，但也很清楚，如果自己选择"斩立决"之签，那么此案用法从严，就会被认为出于他个人的意见，有悖于仁君的道德；如选择"斩监候"之签，犯人得以缓死，舆论必定更赞美刑部为之声请的功劳，与自己关系不大。对此，乾隆帝表示了强烈不满。他责备主管刑部的大学士阿桂及刑部堂官说："尝闻皋陶曰：杀之三。尧曰：宥之三。未闻尧曰杀之三，皋陶转曰宥之三也。阿桂等皆读书又素能办事之人，何以办理此案错谬至此……阿桂等不知仰体朕怀，何忍以此等案件归过于朕，致增烦懑。试令阿桂等自问，于心安乎？"并将原案发回，命刑部："如申荣（叔）实有抢夺屠刀左证，申兆吉（侄）实系挣脱误划，并非逞凶干犯，声明确切凭据，即可改为斩候，无须回护。请旨票拟'依议'之签，何必待朕从重定拟耶？朕办理庶狱惟期平允，原不稍存成见，亦不肯代人受过也。"

所谓"代人受过"，将清代皇帝作为刑审程序最后一环所承受的舆论压力明白地展现出来。换言之，身为皇帝，虽然是唯一对死刑案有"自由心证"权力的人，但处在由官僚士大夫主导的舆论环境，以内外法司，特别是刑部的审断为基础的刑审系统当中，他究竟有多大的勇气和余地可以使用这种权力，是不宜过高估计的。一件无论断轻断重都不过分的普通命案，以乾隆帝之强势，在使用权力时尚且顾忌如此之多，更遑论雍正帝处理年羹尧案时的小心谨慎、步步为营了。

清帝对臣民的生杀予夺，并不能如秦汉帝王那样自由随意，是否就可以说清代皇权比秦汉更弱呢？汉武帝虽然经常诛杀丞相，但绝大多数臣民的生死与他并无关系。如前文所述，清代人在赞美本朝慎刑善政时说："国家慎重人命，旷古未闻。盖古者富侠酷吏操生杀之权，今虽宰相不能妄杀一人。古者人命系乎刑官而已，今自州县府司督抚以内达刑部而奏请勾决，一人而文书至于尺许。"根据清代的制度，不论大臣细民，君主对每一个人的生杀拥有最终决定权。如果他精力旺盛，对每一件徒流案件也有过问的权力，并且在此过程中，君主对刑名程序上每一个环节的官员，都有监督的权力。虽然这些权力的使用力度与效果因君主的个人能力和勤政程度而异，但不可否认的是，在制度安排上，君主确实处在这样的位置：既是国家领袖，又是行政首脑，对刑名这样并非军国大政的一般行政事务也负有终极责任。换言之，清代君主对刑名案件处置的自由度远不及秦汉君主那样高,但权力所能涉及的范围却大大过之。而且,他们的权力性质并非是"反常规"的"干涉司法"。在清代,君主"衡平"而非"依律"地处置刑名案件,本来就是"常规"本身。

在以往的研究中,学者通常站在"司法应当独立""不应该有其他力量干涉司法"这种现代法治观念的立场上看待问题。而当我们把视角换成刑名之政是帝国行政事务的一部分、君主是行政系统的最后环节时就会发现,那样的批评,和当时的政治形态很难找到交集。清代君主意志对刑名事务的影响,既不是高悬九重、有名无实的,又不是肆意妄为、随心所欲的。它位于整个刑名体系的制高点,却并未脱离出去。它切实左右着整个系统,同时也被系统中的其他部分所利用。孔飞力(Philip A. Kuhn)在《叫魂:1768年中国妖术大恐慌》一书中将清代的这种体制称为"官僚君主体制",将其权力分为"常规"与"专制"两种,认为皇帝以下的政府系统在处理一件案子时,是以常规的权力按部就班地运行着,而皇权以超常的力量加于其上。二者共存博弈:君主致力于在繁杂的成文法和行政程序面前维持自己超然的地位;而官僚则努力用繁琐的规章条约保护自己的职责边界,对抗君主的专制要求。这虽然有别于马克斯·韦伯(Max Weber)等人的君主与官僚权力绝对对立的传统认识，但还是将政府看作一个执行法规的司法主体，而皇权在一定限度下努力挣扎，做着用专制权力干预司法的事情。而在笔者看来，这种表述还是割裂了皇权与法制体系的关系。事实上，专制就是常规，硬性的法律与弹性的权力相配合，正是帝国刑名体系设计的理想状态。

皇帝是清代刑名体制的最后环节，这一角色的优点是利益超脱，在理论上是"道"的天然代表，现实中又受到时代价值观和官僚制度的软制约。缺点则是法律专业素养不足且拥有生杀大权的君主如果一意孤行，就难以被其他力量硬性制约。

因为同时具备这样的优点、缺点，在帝国的刑名体系中可能存在三种极端状态。第一，一个明君，勤勉、自控、明察，处在一个超脱的位置上，利用手中生杀大权和比成文例案更接近"天道"的朴素正义观，有力驳正法司官吏在审断中因为各种各样原因产生的错误，最大限度除暴安良，打击贪官墨吏，平衡中央、地方法司之间的矛盾。第二，一个暴君，一意孤行，毫不顾忌"天道"与制度的约束，甚至利用手中的权力滥杀无辜。第三，一个庸君，没有承担君主责任的能力，听凭官僚系统自行运转。

清代在政局比较稳定、君主比较强势的时期，大部分皇帝面对一般刑名案件，多有向第一种情况靠拢的追求，至于接近到何种程度，须视具体的人、具体情况而定。而在面对政治色彩浓重的案件时，则着力在第一种与第二种情况间平衡捏合，寓私意诛杀政治反对派于正常的刑名体制之内,尽量不留下破坏体制的恶名。到同治、光绪时期君主衰微之际，一般刑名案件的处理更接近第三种情况。而面对政治色彩浓厚的案件，像慈禧太后那样无视任何制度、程序，悍然杀害戊戌六君子、庚子五大臣的暴君行径，正是她失去了合法统治能力的表现。

与前代相比，清王朝的统治者主要面临三大难题。首先，它并非传统华夏政权，君主是东来的满洲人，核心统治集团是多民族共同体——八旗，在华夷之辨的意识形态下，政权合法性天然不足。第二，清王朝政权稳固后，人口激增，19世纪初总数已达四亿之多，人与资源的关系空前紧张，社会矛盾日益复杂。第三，清代中前期，通过武装征服、改土归流等手段，政权的直接控制区大大扩张。边疆地区土地广袤，民族成分复杂，经济、文化发展水平差异很大，各民族人民之间既相互融合又摩擦不断，中央政府鞭长莫及。在这种情况下，欲维持和加强专制主义中央集权，确保政权稳固长久，清王朝需要在国家的治理能力，即政府行政层面做出更多努力，使其统治更加高效有序。

清代政府行政以钱粮、刑名两项为至重，贯穿于从州县到中央之间的所有环节。前者让国家从民众手里获得运作政治的资源，后者维护政权的存在与社会秩序。二者构成王朝赖以存在的基础，也与一般民众的生活息息相关。有清二百多年，财赋主要仰赖于小农经济的状况未发生根本改变，随着人口压力迅速增大，怎样更好地安排并有效发挥王朝的刑名体系，在压低成本的前提下维持较高水平的社会治安，是王朝得以延续的保证。

因此，有清一代，"慎重刑章"是其基本国策之一，统治者将"人命至重"的理念摆在了国家治乱的高度加以理解。嘉庆帝曾亲撰《慎刑论》，提出了国家慎重刑狱的四点必要性，即：保全良善，剪除邪慝；弼教化，正风俗；惩纵欲枉法、玩视人命之酷吏；避免上干天和，引起水旱灾荒。可见在清帝的认知中，慎重处理刑名事务是维持社会秩序、稳定统治基础、整肃官僚队伍，乃至展现"天人合一"视角下帝国合法性的重要手段。

在这样的政治背景下，清王朝刑名制度的设计、具体案件的审理，无不站在皇权合法性的高度：对民众，以"防冤滥"为追求；对官吏，以"防弊"为旨归。就本书挑选的案例而言，升斗小民不遗余力地上控、省府州县左支右绌地审转、刑部焦头烂额地找漏洞，皇帝痛心疾首地下指示，都是其在现实中的鲜活反映。

附录1

《康熙会典》所载刑部各机构设置

序号	司名	专管	带管衙门	带管本部事项
1	江南清吏司	江南所属各衙门	漕运总督衙门、霸州并所领三县	无
2	浙江清吏司	浙江所属各衙门	本部、都察院、刑科、京畿道、南城、涿州并所领一县一卫	正月停刑、律例、汇题十日审结事件、汇题监毙人犯
3	福建清吏司	福建所属各衙门	户部、仓场、户科、仓院、宝泉局、坐粮、大通桥、京通十仓、宣课司、左右翼、保定府所领州县（除定兴、新城）、保定左卫	恤刑

（续下表）

(接上表)

4	四川清吏司	四川所属各衙门	工部、工科、宝源局、琉璃厂、惜薪司、街道厅、永平府并所领州县、永平卫	各省秋审、移文修理倒塌衙署监垣
5	湖广清吏司	湖广所属各衙门	通州并所领三县、通州所	赃罚移文用印
6	广西清吏司	广西所属各衙门	通政使司、宛平县、真定府并所领州县	朝审
7	陕西清吏司	陕西所属各衙门	大理寺、西城、行人司、沧州并所领三县	关领囚粮
8	云南清吏司	云南所属各衙门	顺天府、太医院、直隶巡抚衙门、金吾左卫、彭城卫、神武左卫、腾骧右卫、永清左卫、燕山右卫、遵化州并所领一县、蓟州并所领二县、良乡县、固安县、永清县、东安县、香河县、怀柔县	六月停刑、学院赃罚

(续下表)

(接上表)

9	贵州清吏司	贵州所属各衙门	吏部、吏科、河间府并所领州县（除沧州）、天津卫、河间卫	无
10	河南清吏司	河南所属各衙门	礼部、詹事府、太常寺、光禄寺、国子监、鸿胪寺、礼科、东城、大兴县	热审
11	广东清吏司	广东所属各衙门	銮仪卫、顺德府并所领九县、昌平州并所领顺义及密云二县、延庆州、定兴县、延庆卫	无
12	山西清吏司	山西所属各衙门	内阁、翰林院、中书科、钦天监、上林苑监、北城、拱极城、宣府、保安州、宣府前卫、万全左卫、万全右卫、怀安卫、蔚州卫、保安卫、怀来卫、永宁卫、开平卫、龙门卫、梁城所	关领本部纸张、承审赌博

（续下表）

(接上表)

13	山东清吏司	山东所属各衙门	宗人府、兵部、兵部督捕衙门、理藩院、太仆寺、盛京地方、宁古塔将军衙门、河道总督衙门、广平府并所领九县	汇送议叙拿获窃盗步军校
14	江西清吏司	江西所属各衙门	中城、大名府并所领州县、新城县	发遣、流徙宁古塔及尚阳堡人犯

附录2

《嘉庆会典》所载刑部各机构设置

	清吏司	专管	与相关衙门文移	带管本部内事项
1	直隶清吏司	掌核直隶省及察哈尔左翼刑名之事	无	无
2	奉天清吏司	掌核奉天府及盛京、吉林、黑龙江刑名之事	宗人府、理藩院	各司现审及外省题咨案内免死减等盗犯应发吉林、黑龙江为奴者，移付本司定地
3	江苏清吏司	掌核江苏省刑名之事	无	恩赦之事查案具奏
4	安徽清吏司	掌核安徽省刑名之事	镶红旗、宣武门	无

（续下表）

(接上表)

5	江西清吏司	掌核江西省刑名之事	中城御史、正黄旗、西直门	无
6	福建清吏司	掌核福建省刑名之事	仓场衙门、左右两翼监督、镶蓝旗、阜成门	汉官之俸及满洲、汉官公费由司关领
7	浙江清吏司	掌核浙江省刑名之事	都察院、刑科、南城御史	本部汇题汇奏之件，定稿以呈于堂；繁缺书吏役满者行吏部给照
8	湖广清吏司	掌核湖北、湖南二省刑名之事	无	无
9	河南清吏司	掌核河南省刑名之事	礼部、太常寺、国子监、光禄寺、鸿胪寺、礼科、钦天监、太医院、东城御史、正红旗、德胜门	热审择定其期

（续下表）

(接上表)

10	山东清吏司	掌山东省刑名之事	兵部、太仆寺、兵科	核实每岁步兵衙门所获窃贼之数确否，咨兵部议叙
11	山西清吏司	掌山西省及察哈尔右翼迤北各城刑名之事	军机处、内阁、翰林院、起居注馆、中书科、内阁各馆、内务府、北城御史、镶白旗、崇文门	各省年例咨报之事，查而汇题
12	陕西清吏司	掌核陕西、甘肃二省及伊犁南北二路刑名之事	大理寺、西城御史	掌给囚粮
13	四川清吏司	掌核四川省刑名之事	工部、工科	掌刑具
14	广东清吏司	掌核广东省刑名之事	銮仪卫、正白旗、安定门	无
15	广西清吏司	掌核广西省刑名之事	通政司	朝审具题稿、掌给囚衣
16	云南清吏司	掌核云南省刑名之事	镶黄旗、东直门	掌堂印封启

(续下表)

(接上表)

17	贵州清吏司	掌核贵州省刑名之事	吏部、吏科、正蓝旗、朝阳门	掌本衙门汉员升补；简缺书吏役满考试，得职者咨吏部给照
18	督捕清吏司	掌督捕旗人逃亡之事	无	无
其他机构		职掌		
1	清档房	掌守册档；缮写清字、汉字奏折及题本不由科抄者；各司已结、未结之案三月一奏；掌本衙门旗员升补		
2	汉档房	缮写清字、汉字题本		
3	司务厅	掌治吏役；收外省衙门文书，记其号而分于各司；解犯到，移司收禁		
4	督促所	掌催十八司题、咨、现审之案件而督以限例；各省命盗之案、现审赃罚之数年终汇题；烟瘴充军者定应发之地		
5	当月处	掌监用堂印；收在京衙门文书分付各司，现审则呈堂而分司；检验旗人命案；送题本于内阁传抄		
6	赎罪处	凡赎罪，开列所犯之案以奏闻，得旨准者，以赎锾之数行文户部		

(续下表)

(接上表)

7	秋审处	掌核秋审、朝审之案
8	律例馆	掌修条例，五年汇辑，十年重编
9	提牢厅	掌管狱卒，稽查南北所之罪囚
10	赃罚库	掌收贮现审赃款及支放等事
11	饭银处	掌收贮饭银及支放等事

参考文献

档案与历史文献：

中国第一历史档案馆藏清代军机处录副、朱批奏折等未刊档案史料。

《清实录》，中华书局，1986年版。

《康熙起居注》，中华书局，1984年版。

《嘉庆道光两朝上谕档》，广西师范大学出版社，2000年版。

《雍正朝汉文朱批奏折汇编》，江苏古籍出版社，1989年版。

《年羹尧奏折专辑》附录之《臣工参劾年羹尧宫中档原折》，《臣工参劾年羹尧之〈文献丛编〉刊载奏折》，台北"国立故宫博物院"，1971年印行。

《大清律例》，法律出版社，1999年版。

孙嘉淦：《孙文定公奏疏》，《四库未收书辑刊》史部第一辑第22册，北京出版社，1997年版。

那彦成：《那文毅公奏议》，《续修四库全书》第496册，上海古籍出版社，1995年版。

文孚纂修《钦定六部处分则例》，清武英殿刻本。

王明德：《读律佩觿》，法律出版社，2001年版。

阮葵生编纂《秋谳志略》,《历代珍稀司法文献》第十三册,社会科学文献出版社,2012年版。

赵舒翘:《提牢备考》,光绪十一年刊本。

沈家本:《刑案删存》,徐世虹主编《沈家本全集》第二卷,中国政法大学出版社,2010年版。

沈家本:《叙雪堂故事》中载乾隆年间刑部奏稿,徐世虹主编《沈家本全集》第二卷,中国政法大学出版社,2010年版。

白曾焯著,薛梅卿、杨育棠点注《庚辛提牢笔记点注》,中国政法大学出版社,2006年版。

吉同钧:《秋审条款讲义》,《历代珍稀司法文献》,社会科学文献出版社,2012年版。

黄六鸿:《福惠全书》,北京大学图书馆藏清怀德堂刊本。

包世臣:《齐民四术》,中华书局,2001年版。

贺长龄、魏源编《皇朝经世文编》,中华书局,1992年版。

盛康编《皇朝经世文续编》,《近代中国史料丛刊》第一编第85辑,台北:文海出版社,1972年版。

方苞:《方苞集》,上海古籍出版社,2006年版。

汤应求:《自警录》,北京大学图书馆藏粤东省城西湖街康简书斋刊本,香港中文大学历史系卜永坚等整理。

沈起元:《敬亭文稿》,《清代诗文集汇编》第257册,上海古籍出版社,2010年版。

袁枚:《小仓山房文集》,江苏古籍出版社,1993年版。

尹嘉铨:《偶然吟》,《清代诗文集汇编》第318册,上海古籍出版社,2010年版。

孙星衍:《孙渊如先生全集》,《清代诗文集汇编》第436册,上海古籍出版社,2010年版。

洪亮吉：《洪亮吉集》，中华书局，2001年版。

郑虎文：《吞松阁集》，《四库未收书辑刊》，北京出版社，2000年版。

张佩纶：《涧于集》，《清代诗文集汇编》第768册，上海古籍出版社，2010年版。

薛福成：《庸庵文编》，《清代诗文集汇编》第738册，上海古籍出版社，2010年版。

冯桂芬：《校邠庐抗议》，《近代文献丛刊》，上海书店出版社，2002年版。

李慈铭：《越缦堂文集》，《清代诗文集汇编》第713册，上海古籍出版社，2010年版。

赵舒翘：《慎斋文集》，闫晓君整理，法律出版社，2014年版。

那彦成等编《阿文成公年谱》，《北图珍本年谱丛刊》第99-104册，国家图书馆出版社，1999年版。

英和：《恩福堂年谱》，《北图珍本年谱丛刊》第133册，国家图书馆出版社，1999年版。

韩封：《韩桂舲先生自订年谱》，《北图珍本年谱丛刊》第120册，国家图书馆出版社，1999年版。

熊枚：《谦山行年录》，《北图珍本年谱丛刊》第108册，国家图书馆出版社，1999年版。

陈景亮：《望坡府君年谱》，《北图珍本年谱丛刊》第121册，国家图书馆出版社，1999年版。

张集馨：《道咸宦海见闻录》，《清代史料笔记丛刊》，中华书局，2008年版。

沈家本：《日记》，徐世虹主编《沈家本全集》，中国政法大学出版社，2010年版。

徐珂编撰《清稗类钞》，中华书局，1986年版。

吴暻：《左司笔记》，清抄本。

昭梿：《啸亭杂录》，《清代史料笔记丛刊》，中华书局，1980年版。

陈其元：《庸闲斋笔记》，《清代史料笔记丛刊》，中华书局，1989年版。

何刚德：《春明梦录》，北京古籍出版社，1995年版。

罗惇曧：《宾退随笔》，《近代中国史料丛刊》三编第26辑，台北：文海出版社，1987年版。

陈夔龙：《梦蕉亭杂记》，《近代史料笔记丛刊》，中华书局，2007年版。

震钧：《天咫偶闻》，北京古籍出版社，1982年版。

李孟符：《春冰室野乘》，《民国笔记小说大观》，山西古籍出版社，1995年版。

罗养儒：《云南掌故》，云南民族出版社，1996年版。

黄濬：《花随人圣庵摭忆》，《民国史料笔记丛刊》，上海书店出版社，1998年版。

闵尔昌编《碑传集补》，台北：明文书局，1985年版。

近人论著：

郑秦：《皇权与清代司法》，《中国法学》，1988年第4期。

谢蔚：《晚清刑部皂役收入研究》，《史学月刊》，2009年第4期。

苏亦工：《官制、语言与司法——清代刑部满汉官权力之消长》，《法学家》，2013年第2期。

徐忠明：《晚清河南王树汶案的黑幕与平反》，《法制与社会发展》，2014年第2期。

杜金：《清代司法官员的法律知识研究》，中山大学2010年博士论文。

郑小悠：《清代刑部研究：刑名、政务与官员》，北京大学2015年博士论文。

马克斯·韦伯著，阎克文译《经济与社会》，上海人民出版社，2010年版。

滋贺秀三等著，王亚新、梁治平编《明清时期的民事审判与民间契约》，法律出版社，1998年版。

孔飞力著，陈兼、刘昶译《叫魂：1768年中国妖术大恐慌》，上海三联书店，1999年版。

李文海主编《天有凶年：清代灾荒与中国社会》，三联书店，2007年版。

孙家红：《清代的死刑监候》，社会科学文献出版社，2007年版。

张中秋编《理性与智慧：中国法律传统再探讨》，中国政法大学出版社，2008年版。

张世明等编《世界学者论中国传统法律文化》，法律出版社，2009年版。

李典蓉：《清朝京控制度研究》，上海古籍出版社，2011年版。

《梁启超论中国法制史》，商务印书馆，2012年版。

魏丕信著、徐建青译《十八世纪中国的官僚制度与荒政》，江苏人民出版社，2006年版。